Diana Canetti

Betrachtungen
zu
Multikulturalität,
Heimat und Fremdsein

Diana Canetti

Betrachtungen zu Multikulturalität, Heimat und Fremdsein

herausgegeben
von
Ariane Neuhaus-Koch

mit einer Porträt-Zeichnung
von
Konrad Klapheck

Diana Canetti
Betrachtungen zu Multikulturalität, Heimat und Fremdsein.
Hrsg. von Ariane Neuhaus-Koch

1. Auflage Düsseldorf 2013
© 2013

EDITION VIRGINES

VERLAG
XIM Virgines, Editio Libri e. K.
Brend'amourstr. 33, D-40545 Düsseldorf
www.editionvirgines.de, editionvirgines@t-online.de

KOHLEZEICHNUNG „PORTRÄT DIANA CANETTI" (S. 8)
Konrad Klapheck © Konrad Klapheck, 1992

ZEICHNUNG (S. 99)
Renate Neumann © Frauen-Kultur-Archiv Düsseldorf

FOTOGRAFIE COVERABBILDUNGEN
© Ina-Maria von Ettingshausen (Frontcover, Backcover unten)
© Mehmet Ünal (Backcover oben)

DRUCK UND BINDUNG
docupoint, Barleben; Printed in Germany

EINBANDGESTALTUNG
Kirsten Adamek

ISBN
978-3-944011-13-4

Wir danken Konrad Klapheck für die Abdruckrechte an der Zeichnung und Ina Maria von Ettingshausen sowie Mehmet Ünal für die Abdruckrechte an den Fotografien.

INHALT

Vorwort	9
Essays	13
Wir sind nur Gast auf Erden	14
Glanz und Elend der Mehrsprachigkeit	30
Die Angst ist meine Wurzel	46
Ich brauche ein geistiges Haus	60
Porträts	79
Das Fremdsein in der Welt. Porträt der Philosophin Mimika Cranaki	80
Meiner Freundin Emine Sevgi Özdamar zum Jubiläum unserer 30 Jahre währenden Freundschaft	95
Die Versäumnisse einer Hinterbliebenen. Nachdenken über den Tod von Renate Neumann	99
Ein Märchen für Erwachsene	115
Raussi, die Perlmuschel	116
Epilog	
Rap: Über die Fremde, das Fremdsein	139
Anhang	
Kurzbiografie	141
Publikationen von Diana Canetti	146

*Konrad Klapheck: Porträt Diana Canetti
1992, Kohle auf Ingres-Papier*

VORWORT

Diana Canetti ist eine besonders überzeugende Vertreterin des interkulturellen Diskurses, der in den 90er Jahren verstärkt von Intellektuellen der deutschsprachigen Migration wie Zafer Şenocak oder Suleman Taufiq geführt wurde. Der 70. Geburtstag der Wahl-Düsseldorferin mit griechisch-jüdisch-türkischen Wurzeln im Oktober 2013 ist ein guter und willkommener Anlass, die wichtigsten Texte zu ihren zentralen Lebensthemen zu präsentieren, nachdem ihre Rolle im deutsch-türkischen Dialog bereits im Winter 2012/13 im Kontext der Ausstellung „Prometheus-Funken. Zum deutsch-türkischen Wissens- und Kulturtransfer seit 1923" von uns gewürdigt worden ist. Ihre Betrachtungen zu den Chancen der Teilhabe an mehreren Kulturen, zur Identitätssuche in der Fremde und zur Materialität bzw. Immaterialität von Heimat formulierte sie von 1993 bis 2001 auf Tagungen und in Rundfunksendungen des SWR und des WDR.

Dieser Sammelband dokumentiert die verschiedenen Facetten ihres Schreibens ab 1993 und damit jenseits ihrer frühen autobiografisch grundierten Romane „Eine Art von Verrücktheit. Tagebuch einer Jugend" und „Cercle d'Orient". Die Bandbreite der Ausdrucksformen reicht vom interkulturellen Essay über die dokumentarisch untermauerte, sensible Porträtskizze und das parabelartige Märchen bis zum Rap-Text.

Der Vater Aron Kaneti, ein sephardischer Jude, der in seinem Gastland Türkei geschäftlich erfolgreich, aber als Teil der jüdischen Minderheit auch immer latent gefährdet war, verkörperte vorbehaltlose Toleranz und Weltoffenheit. Seiner Tochter und seinem Sohn bot er geistige Vielfalt, kulturellen Reichtum, religiöse Freiheit, finanzielle Sicherheit und prägte sie dadurch nachhaltig. Zwei Lieblingssentenzen des Vaters hat die Tochter Diana uneingeschränkt zu Leitmotiven ihres Lebens erhoben: „Fremde Sprachen haben viele Fenster" und „Mehrsprachigkeit ist Erweiterung von Welterkenntnis". In ihrer Variation heißt dies dann: „Ich habe die Sprachen nicht um ihretwillen gelernt, sondern um andere Realitäten, andere Kulturen zu entdecken."

Der Mentalitäten-Kosmos, in den sie als Kind und Jugendliche eintauchte, war äußerst vielgestaltig: die griechisch-orthodoxe Welt der Familie der Mutter, die türkisch-islamische Prägung der Istanbuler Umwelt, der Geist der französisch-christlichen Gymnasialerziehung und die Lebenswirklichkeit des Vaters zwischen jüdischer Tradition und Akkulturation.

Als Studentin repräsentierte Diana Canetti eine türkische Jugend im Aufbruch, die neben dem Universitätsstudium ihre Rebellion auf der Theaterbühne während einer Schauspielausbildung auslebte. Dies tat sie zusammen mit der Freundin und später erfolgreichen deutsch-türkischen Autorin Emine Sevgi Özdamar – ihr ist hier ein Text gewidmet. Die ersten literarischen und kulturjournalistischen Texte schrieb und veröffentlichte Diana Canetti in türkischer Sprache. Nach dem Anglistikstudium gelang es ihr ab 1969 weitere „Fenster" der europäischen Kulturwelt aufzustoßen; sie lernte Deutsch und ging nach Wien, um im Theater-Mekka, im Max-Reinhardt-Seminar die bereits erlernte Theaterkunst zu vertiefen und um das Theater und seine Geschichte in der Universität wissenschaftlich zu durchdringen.

Das Beherrschen der deutschen Sprache wurde in dieser Zeit zu einer ihrer größten, selbst gewählten Herausforderungen, die sie in relativ kurzer Zeit meisterte. Den zwei bereits erwähnten, erfolgreichen Kurzromanen fügte sie 1975 eine auf Deutsch geschriebene Doktorarbeit über das zeitgenössische, gesellschaftskritische Theater in der Türkei hinzu. Nicht Österreich, sondern Deutschland, wohin sie 1976 vom DAAD als „Artist in Residence" eingeladen worden war, wurde zur „zweiten Heimat"; ein Land, in dem sie sich „nicht nur erlebnismäßig, sondern auch geographisch, historisch und kulturell besser" auskannte „als irgendwo anders auf der Welt." Aber das Ringen mit der Sprache der zweiten Heimat blieb unverändert: „Diese verflixte, verdammte, verhexte deutsche Sprache" war „Teil meiner Identität geworden. Ein Teil meiner Identität, mit der ich täglich rang, rang bis zur Erschöpfung." Für sie galt es, die Frage der kulturellen Verortung immer wieder neu zu beantworten.

Die Textsammlung dokumentiert Diana Canettis kreativen Umgang mit ihrem multikulturellen Potential, das in ihr durch die besondere familiäre Konstellation angelegt war und das sie durch ihre Ausbildungen und die Wanderjahre zwischen Wien, Düsseldorf, Paris und Accra auszubauen vermochte. Sie stellte ihr Schreiben seit den 90er Jahren in den Dienst der interkulturellen und interreligiösen Vermittlungsarbeit im Medium Rundfunk. Der Sammelband beruht auf Typoskripten der Autorin, die in verschiedenen Varianten vorliegen, von denen jeweils die letzte, zumeist überarbeitete Fassung gewählt wurde.

Ein herzlicher Dank gilt der Freundin von Diana Canetti aus bewegter Zeit, Elke Mrotzek, ohne deren Aufbewahren der Typoskripte dieser Band nicht zu realisieren gewesen wäre.

Ariane Neuhaus-Koch
(Frauen-Kultur-Archiv, Heinrich-Heine-Universität Düsseldorf)

ESSAYS

„Ich lebe und fühle griechisch, jüdisch und türkisch."

„Man ist sovielmal Mensch, wie man Sprachen spricht."

„Die Sprache ist nicht ein endgültiger Zustand, sondern ein ununterbrochener Prozess."

Wir sind nur Gast auf Erden

Du fragst mich, meine Liebe, ob ich noch Heimweh nach Istanbul empfinde? Zweifellos gibt es Augenblicke, wo der Wunsch, dort zu sein, außerordentlich groß ist, der Wunsch, im Garten meiner Kindheit zu sein und durch die Räume unseres Landhauses zu gehen. Dieses Denkmal von Mutters und Großvaters Gemeinschaftsleistung. Ich vermisse den Duft von Nadeln und Harz, der in manchen Augenblicken mein Zimmer durchdrang. Die Tannen will ich sehen, die Tannen, die in meinem Geburtsjahr eingepflanzt wurden. Die Rosen von Mutter, ihre Hortensien. Die Nachbarn wunderten sich: „Die griechische Dame zieht Hosen an, wie ein Mann und kämpft mit dem Unkraut, bis keines übrigbleibt", sagten sie. Und Mutter stand inmitten des Feldes, blickte triumphierend auf die Tomaten, wischte sich das schwitzende Gesicht ab, nahm eine Hand voll Erde und sagte zu mir: „Ich liebe diese Erde. Das ganze Leben liegt darin. Deswegen heißt es: ‚Denn du bist Erde und sollst zu Erde werden.' Vergiss nicht, wir sind nur Gast auf Erden." Und alles aus Trotz, was für eine Kraft hatte sie in die Erde hineingesteckt! Aufgaben, auf die sie sich mit Hingabe und Liebe stürzte: Hämmern, Streichen, Flicken, Knüpfen, Aufpfropfen. War das ein Bemühen, um solide Wurzel zu schlagen, oder …?

Freundin: Die Mutter meiner Freundin Diana stammte aus einer griechischen Minderheit, die seit der Eroberung von Byzanz durch die Türken in ihrer Heimatstadt geblieben war. Der Vater gehörte zu jenen jüdischen Sepharden, die vor 500 Jahren von der Inquisition aus Spanien vertrieben worden waren und sich in der Türkei niedergelassen hatten.

Zwischen der ersten und der zweiten Militärdiktatur begann die politische Situation zwischen der Türkei und Griechenland wegen Zypern zu kriseln. Erschreckt durch die Geschehnisse, gingen die Minderheiten der Türkei in den Exodus. Die Griechen Kleinasiens flüchteten nach Griechenland, die Armenier nach Amerika, die Juden nach Israel. Die griechische Minderheit der Türkei empfand schon seit Mitte der fünfziger Jahre eine Bedrohung und begann nach Griechenland auszuwandern. Die Mutter meiner Freundin wurde ebenfalls verunsichert, obwohl sie sich um Integration bemüht hatte. Die Tragödie der Minderheit besteht in dieser Zerrissenheit, in dieser Unsicherheit, in dieser Unentschlossenheit – können wir uns anpassen, hier oder woanders?

Bei uns zuhause beschränkte sich die Heimat nicht auf eine bestimmte Existenzsphäre. Vater sah sich als eine Art Mieter in der Türkei, als geduldeter Gast. Offene Fragen standen in der Luft: Sollen wir weiterhin in der Türkei bleiben? Oder …? Welches

Land, welche Stadt soll unsere Heimat werden? Schweiz, Lausanne? Italien, Mailand? Frankreich, Paris oder Marseille? Auf jeden Fall ein politisch möglichst neutrales Land. Am besten Belgien, Brüssel.

Das Landhaus wurde verkauft. Der Haushalt in Istanbul aufgelöst. Und schließlich folgte meine Mutter ihrer Schwester nach Griechenland. Ich hatte mir bis zu dem Zeitpunkt nie Gedanken gemacht, was es bedeutete, eine Heimat zu haben oder nicht zu haben.

Als heranwachsende ‚Halbjüdin' war ich neugierig auf die neue Heimat der Israelis und wollte die neuen Lebensformen der Kibbuznik kennenlernen. Ich zog in den Kibbuz Ma'agan Michael, zwischen Haifa und Tel Aviv. Ich trug die blauen Shorts der Kibbuzniks, arbeitete für das Wohl der Gemeinde und fühlte mich wohl in meiner Haut. Vielleicht weil das Leben im Kibbuz, das kollektive Denken und die kommunikative Lebensweise meiner Natur entsprachen.

Zum ersten Mal entdeckte ich dort, was es hieß, „frei" zu sein. Ich erkannte in mir ein Streben nach Freiheit. Wenn ich abends allein unterwegs war, bekämpfte ich systematisch die aufsteigende Angst, indem ich mit Begeisterung an Menschen dachte, die dieses Land aufgebaut hatten. An die Frauen und Männer der dritten Aliyah-Welle. Sie hatten diese Erde aus ihrer Erstarrung zu neuem Leben erweckt, Wunder bewirkt. Ich dachte mit Begeisterung an ihren Einsatz, ihre Hingabe, ihr künstliches Bewässerungssystem und an alles, was sie taten, um die landwirtschaftliche Nutzung des Bodens zu intensivieren.

Freundin: Dianas Bruder heiratete in diesen Jahren eine Brasilianerin und übersiedelte nach Sao Paulo und so kam es, dass alle vier Mitglieder ihrer Familie in vier verschiedenen Ländern der Welt lebten, jeder auf seine Weise Gast im Ausland.

Möglicherweise wäre sie in Israel geblieben und hätte wie in ihren Träumen am weiteren Aufbau des Landes teilgenommen, wenn sie nicht aus einem momentanen Gefühl von Familienpflichten in die Türkei zurückgekehrt wäre.

Ich kehrte in einer politisch sehr bewegten Zeit zurück. Die Studenten der Istanbuler Universität nahmen an Versammlungen und Protestdemonstrationen teil. Ich entdeckte den Reiz der Diskussionen um die politischen Probleme des Landes. Sagte mir, wenn du in der Türkei leben möchtest, so hast du zu sein wie die anderen, Türkin in der Türkei, wenn du wirklich Wurzeln schlagen willst. Ich verfiel dieser Faszination und diesem Engagement. Nicht durch meine Geburt, sondern durch das politische Bewusstsein wurde ich zu einer Türkin. Und mehr noch, ich trat so entschieden für das Land ein, als hätte ich die Türkei geheiratet.

In den meisten meiner Träume gehe ich durch das Haus meiner Kindheit in Istanbul und bin erstaunt, irgendwo anders zu erwachen. Ich verreise nun wirklich, ich mache mich fort, ich suche das Weite. *„Nun, willst Du in die Türkei fahren?"* Die Türkei; das ist der letzte Ort, an den ich gehen würde! Die Türkei? Das ist lange her, dass ich mir eingebildet habe, dorthin zu gehören. Heimat, denkst Du, nicht wahr? Kurzum, ich mag diesen Begriff nicht. Ich verzichte darauf. *„Und wohin gehst Du?"* Über Österreich nach Griechenland. Ich will zu den Städten zurückkehren, in denen ich mich als Studentin heimisch gefühlt habe. Das kann ziemlich lustig werden.

Freundin: Ich war neugierig auf ihre Briefe. Wir kennen uns von Wien. Wir haben gemeinsam studiert. Sie wohnte zuerst im 20. Bezirk, in der Nähe des Brigittaplatzes gegenüber der Backsteinkirche. Vor dem Krieg lebten Juden in diesem Stadtteil. Und zu ihrer Zeit Studenten aller Nationalitäten. Der Balkan mit seinen Gewürzläden begann hier. Ihre allererste Wohnung war in einem dieser verfallenen Wiener Häuser ohne Wasser und Klosett.

Meine liebe Freundin, die erste Etappe der Reise geht zu Ende, als der Zug in die vertraute Halle des Wiener Westbahnhofs einfährt. Der Kopf ist schwer von der zwölfstündigen Fahrt, langsame, nebelhafte Gedanken, vergangene Bilder. Fünfundzwanzig Jahre ist es her, dass ich zum ersten Mal aus der Salzburger Ferienschule nach Wien fuhr. Ich schreite durch den wenig belebten Bahnhof zum Währinger Gürtel. Alles, die Straßenbahnlinien, die Haltestellen sind vertraut wie eh und je. Nur ein wenig traumhaft.

‚Eine Jugend in Wien'. Begriffe wie Reinhardt-Seminar, Burgtheater, Festwochen, Podiumsdiskussionen an der Universität, Brigittenau, Dianabad, Türkenschanzpark, ORF tauchen in meinem Gedächtnis auf. Welche Vielfalt an Stichwörtern. Wien und mein Wiener Zuhause drehen sich in meinem Kopf wie ein Karussell.

Meine Studentenbude, in der Du mich besuchtest – erinnerst Du Dich –, bestand aus einem kleinen Raum mit Figurinen aus dem Schattentheater an der Wand. Sie war klein, aber fein und gehörte mir. Ich war allein auf mich gestellt und verdiente, wie bescheiden er auch sein mochte, meinen Unterhalt allein.

In Wien hat sich mein Charakter gefestigt. Hier wurde ich kulturell geprägt. Hier sind Ziele wie Selbstständigkeit und freie Entfaltung an die oberste Position gerückt. Hier haben mir meine Freunde immer wieder versichert, ich brauche keine Angst zu haben, ich werde es schon schaffen. Und tatsächlich ist mir alles, was ich unternommen habe, geglückt. Mit Wien und meinem Wiener Leben verbinde ich überwiegend positive Erfahrungen.

Freundin: Die Namen der Orte auszusprechen, fiel ihr schwer: Gmunden, Goisern, Goisau, Grundlsee... Sie fuhr für einen kurzen Besuch nach Kainisch in der Steiermark und blieb dann jahrelang dort. Nach Jahren des Vagabundierens erschien ihr dieses vergessene steirische Dorf wie ein Ruhepol in ihrem Leben.

Ich habe hier zum ersten Mal das Gefühl gehabt, wirklich zu Hause zu sein. Im Sinne von geliebt und geschützt werden. Meine Gastgeberin schlüpfte über Nacht in die Rolle der Mutter und blieb eine Mutter mir gegenüber bis zu ihrem Tode. Ich wurde Tochter. Sie übertrug mir etwas von ihrer Lebenskraft, steckte mich mit ihren Heiterkeitsausbrüchen und ihrer liebevollen Art an. Sonntags gingen wir auf die Alm Holz fällen, schälten die Baumrinde ab. Dann bereiteten wir die Jause vor und atmeten Kieferduft ein.

Ein- bis zweimal in der Woche landeten wir im Wirtshaus. Wir saßen dann mit Maria und Sepp zusammen. Die hielten neben ihrer Arbeit in der Gaststätte noch Vieh, 25 Kühe und 15 Schweine. Ihr Besitz hatte sich dank der Sparsamkeit von Sepps Mutter vermehrt. Sepp sah seine Lebensaufgabe darin, das Ganze weiterzuführen. Maria konnte aber die Arbeit nicht allein bewältigen. Konnte nicht gleichzeitig wie Sepps Mutter Köchin, Kellnerin, Zimmermädchen, Bäuerin und Mutter von drei Kindern sein. Gute Arbeitskräfte kosteten viel, die Hochsaison dauerte vier Monate, die Angestellten aber mussten das ganze Jahr bezahlt werden. Also musste Maria alles selbst machen. Die Aushilfe fiel häufig aus. Wegen der Tiere mussten sie gegen fünf Uhr aufstehen. Sepp lebte geregelt und sparsam und hatte noch nie im

Leben Urlaub gemacht. Maria klagte nie. Und meine Gastgeberin sagte: „Maria würde sich eher die Zunge abbeißen, als zu klagen. Aber dass sie benachteiligt ist und von der Arbeit erdrückt wird, sieht jeder." Wenn Heimat Geborgenheit, Ruhe und Ausgeglichenheit bedeutet, dann war dieses steirische Dorf, in dem ich jahrzehntelang Weihnachten und Silvester verbrachte, meine Heimat.

Freundin: Wir trafen uns in Deutschland wieder. Sie hatte sich mit ihrem deutschen Partner hier eingerichtet. Ihre Wohnung in der Hansaallee bedeutete ihr viel. Sie hatte ihr Bestes gegeben, um einen Wunsch zu realisieren. Das eigene Heim. Der Stempel des Provisorischen war allmählich verblasst.

Meine Liebe, Du weißt, ich gab mir alle Mühe, die Wohnung so zu gestalten, wie ich es mir immer erträumt hatte. Unsere Lebensform hatte etwas Reizvolles, Qualitätsvolles. Dazu friedlich. Ruhig. Harmonisch. Unsere Bekannten führten ein pflichtbewusstes Dasein. Sie gingen einer regelmäßigen Arbeit nach, waren angespannt, litten unter Stress, Hektik und Terminen. Es ging um wesentliche Dinge! Um Produktionen, die gefragt waren. Sie wollten Erfolge erleben, immer größere Erfolge. Und dann „Schaffe, schaffe, Häusle baue!"

Wir taten das Gleiche, bauten immer höher und höher und krankten an den Höhenflügen, an der Höhenangst. Die Konkurrenzgesellschaft fordert von den Menschen, ihre höchste Leistung zu geben. Und wenn es einem nicht so gelingt, dann beginnt alles auf einmal geisterhaft zu werden. Nicht lebbar. Man beginnt alles infrage zu stellen. Der Zweifel nagte an mir, kränkte mich und machte mich krank. Ich musste mich von meinem Partner trennen. Mit der Trennung von ihm verlor ich nicht nur einen Freund und einen Freundeskreis, sondern auch meinen Job, mein Zuhause und ein Stück Heimat.

Freundin: Diana stand von einem Tag zum anderen ohne Zuhause da. Was sollte sie anfangen? Wo sollte sie hin? Glücklicherweise bekam sie durch ihre Cousine, mit der sie vieles gemeinsam hatte, eine Freiwilligenstelle als Entwicklungshelferin in Ghana.

Meine Liebe, wer durch unser hohes, blau gestrichenes Hoftor geht, hat sofort den Eindruck solider Geborgenheit. Der rechteckige Gebäudekomplex im neoafrikanischen Stil setzt sich aus sechs Häusern zusammen. Sechs rechteckige einstöckige Betonbauten. Wir haben zwei ineinander gehende Zimmer für uns.

Du fragst mich zu Recht, wie unser Leben aussieht. Wir stehen früh auf, bei Tagesanbruch. Die Frauen im Hof bereiten Kassawa-Küchlein vor, 150 Klöße an einem Morgen. Sobald sie fertig sind, gehen sie zu ihrem Verkaufsstand am Straßenrand. Bevor sie zur Schule gehen, bleibt den Kindern, die Feuerstelle zu löschen, den Platz zu fegen, Töpfe und andere Kochutensilien zu scheuern. Sie ziehen dann mit einem Teil der Kassawa-Küchlein los und verkaufen sie noch vor Schulbeginn. Das erstgeborene Mädchen bleibt meist zuhause, versäumt die Schule wegen ihrer kleineren Geschwister.

Das Erste, was ein Entwicklungshelfer in Afrika lernt, ist die Kunst des Sich-Einschränkens. Wenn man sich daran gewöhnt hat, staunt man, wie wenig man braucht. Man braucht nicht einen Schrank voller Kleider, sondern nur einen kleinen Koffer voll. Und dann die Einfachheit der Behausung, keine Heizung, kein Telefon, kein Fernsehen, kein warmes Wasser. Hier lernt man Bescheidenheit, sich mit einfachen Dingen zu begnügen.

Freundin: Reisen, Umziehen, in ein anderes Land übersiedeln, ist nicht nur Flucht, sondern auch Suche. Suche nach neuen Aufgaben, neuen Kenntnissen, neuen Ideen. Zuerst besuchte sie einen Kurs „Hilfe für Selbsthilfe" und dann kam die Auseinandersetzung mit dem afrikanischen Alltag. Eine Herausforderung und Konfrontation mit den Problemen der „Dritten Welt". Projekte der medizinischen Versorgung, der Landwirtschaft und der Massenmedien.

Rückblickend denke ich, dass die Zeit in Ghana die beste und glücklichste meines Lebens war. Ich wurde gleich freundlich aufgenommen und nie verletzt. Ich habe das Gefühl, in Afrika gewachsen, stärker, ausgeglichener geworden zu sein, Neues erfahren zu haben. Auch hier hatte ich den Eindruck, in die Welt anderer Menschen einzudringen, die sich in Weltanschauungen und Lebensart von meinem früheren Leben völlig unterscheiden. Wenn man mich fragt, ob ich Sehnsucht verspüre, dann sage ich, ja, nach Afrika. Ich habe mich in Afrika mehr daheim gefühlt als irgendwo sonst auf der Erde, vielleicht weil man mich dort nicht ständig infrage stellte.

Freundin: Ihr behagt immer noch die Idee, ein bisschen mehr in der Welt herumzuabenteuern, fremde Menschen und Städte kennenzulernen, sogar irgendwo in der Ferne andere Lebensarten auszuprobieren. Das ist ein Lebensmodell. Vielleicht nicht das Beste. Aber für sie besser als eine ruhige und einförmige Existenz. „Heimat", meint der Aphoristiker Thomas Niederreuther, „ist nicht eine Stadt, ein Dorf oder ein Land, sondern eine Art des Erlebens, eine Farbe." Mir scheint es, als hätte meine Freundin diesen Aphorismus, bewusst oder unbewusst, zu ihrem Wahlspruch gemacht.

Meine Süße, ich liege unter den Fichten, nicht unter den Tannenbäumen meiner türkischen Heimat, sondern in Griechenland, halte das Heft auf dem Knie und blinzle in die Sonne. Das Meer ruht träge und glatt. Ich sehe meine Mutter vor mir, wie wir uns gegenübersaßen und Wassermelonen aßen, ein Jahr vor ihrem Tod. Es ist jetzt zwölf Jahre her.

Nun bin ich allein. In meiner kleinen Wohnung, die ich von meiner Mutter geerbt habe. Eine lange Zeit ohne besondere Verpflichtungen dehnt sich vor mir. Zeit für Erinnerungen, Zeit für Erforschungen, Zeit für Erkenntnisse.

Bin ich im Hause meiner Mutter daheim? Oder in der Fremde? Die Nachbarinnen in Griechenland sprechen noch mit Bewunderung von meiner Mutter, genau wie die Nachbarinnen der Türkei. Für diesen Garten hat sie sich genauso eingesetzt, sie hat überall Bougainvilleen gepflanzt, gepflegt und täglich gesprüht, genau wie in ihren besten Jahren in Istanbul. Sie wollte nie in die Türkei zurück, doch sie musste, sie kehrte in das Land, in dem sie geboren war, zurück, um dort innerhalb von drei Tagen zu sterben. Vielleicht liegt das große Glück darin, rechtzeitig zu sterben. Nicht zu früh und nicht zu spät. Und wo werde ich enden?

Meine Tanten und Cousinen mütterlicherseits sind sich sicher: Griechenland ist ihre Heimat. Wohlgemerkt, nicht ihre zweite Heimat, obwohl sie alle als Erwachsene hierher kamen. Nichts stört die Gleichförmigkeit ihres Lebens. Keine Bedrohungen, keine Ängste. Ihr Leben erschöpft sich ausschließlich in den unvermeidlichen Ereignissen: Geburt, Taufe, Hochzeit, Umzug ins eigene Heim, Namenstag, Ausflug auf eine Insel. Das reißt sie ab und an aus ihrem Alltag heraus. Sie verbringen ihr ganzes Leben im Familienkreis, zeugen ähnliche Wesen, wie sie selber sind. Prahlen mit ihren neuen Anschaffungen, mit Kleidern, Pelzen, Schmuck und ihren mit eigenen Händen angefertigten Spitzen für die Aussteuer ihrer Töchter.

Sie können sich kein anderes Dasein vorstellen. Und wenn sie es sich vorstellen könnten, würden sie sich voller Entsetzen davon abwenden. Ein anderes Leben wollen sie gar nicht. Mögen sie auch nicht. Ich bin fremd für sie. Wozu braucht man Abwechslung, Veränderung, einen größeren Lebenskreis und die Suche nach etwas Neuem und Fremdem?

Freundin: „Nicht da ist man daheim, wo man seinen Wohnsitz hat, sondern wo man verstanden wird", hat der Dichter Christian Morgenstern gesagt und, wie ich aus der Lebensgeschichte meiner Freundin folgern kann, nicht zu Unrecht.

Meine liebe, liebe Freundin, ein Strom von Erinnerungen drang auf mich ein. Mit Varianten ließ ich den Film wohl hundertmal vor meinen Augen abrollen und fragte mich: Was ist mit Istanbul? Kannst du dort, was dir verloren gegangen ist, wiederfinden? Das Haus deiner Kindheit wiedersehen? Ist dort etwa deine Heimat? Es überkam mich eine so große Sehnsucht, am Ufer des Bosporus zu sitzen, durch die belebten Straßen von Beyoglu und Pera zu schlendern, dass ich schon am gleichen Tag eine Fahrkarte für ein Schiff von Piräus nach Istanbul löste.

Ich erkenne die Stadt nicht mehr. Nicht nur unsere, sondern alle alten Häuser wurden abgerissen und dafür neue Betongebäude errichtet. Kein Tannenduft, dafür der Geruch von nassem Sand und pudrigem Zement. Dazu das Getöse der Maschinen. Ein ständiger Krach. Die Luft erstickend. Zermalmend die verzweifelt zielstrebigen Massen.

Und wie sieht es mit meinen Familienbindungen aus, sind sie wenigstens intakt? Ich finde mehr Liebe und Herzlichkeit, als ich erwartet habe, alles hängt sich an mich, als würden die früheren Jahre wiederkehren. Die glücklich erlebte Kindheit. Ein Paradies an Geborgenheit und Unbeschwertheit. Wenn ich meine Cousine väterlicherseits in ihrem großzügigen Haushalt mit Mann, Kindern und einer gewissen Weltoffenheit erlebe, dann denke ich im Stillen: So sein wie sie! Noch einmal anfangen, leben wie sie, sorglos, behaglich und gleichzeitig beweglich, mit einer großen Zugehörigkeit zu einer einzigen Gemeinschaft und mit zweiwöchigen Rundfahrten um die Welt.

Meine Verwandten fühlen sich als Türken, leugnen aber nicht ihre Zugehörigkeit zum Judentum. Türke zu sein, bedeutet Inhaber einer bestimmten Mentalität zu sein, die sich stark von der der Deutschen und Israelis unterscheidet. Ihre Vorfahren, die sephardischen Juden, sind hier mehr als 500 Jahre zuhause. Sie sind hier geboren und aufgewachsen. In einem anderen Land haben sie nie gelebt. Die Türkei ist ihre Heimat geworden.

Noch einmal anfangen? Wäre ich imstande, mein Leben gerade wie eine feste Linie zu führen, die ihre Überzeugungen, ihre Zugehörigkeit, ihre Heimat niemals infrage stellt?

Freundin: Meine Freundin hat nach und nach alle die Orte ihrer Kindheit und ihrer Jugend aufgesucht, um herauszufinden, wo ihre Wurzeln liegen. Und hat in gewisser Weise die Ironie des Schicksals, die Tragik aller Zurückgekehrten, Vertriebenen und Verbannten erlebt. Sehnsucht ist nicht zu erfüllen. Zurückkehren, das bedeutet, seine Haut zu Markte zu tragen. Verwandte wiederzufinden, Freunde wiederzufinden, und gleichzeitig daran zu denken, dass die Welt der Kindheit nur noch Erinnerung ist. In ihrem letzten Brief macht sie sich erneut Gedanken darüber, was eigentlich Heimat ist.

Meine teure, treue Freundin, ich denke gerne zurück an alle diese Orte, an den Garten, in dem ich als Kind gespielt habe, an meinen Universitätsweg in Wien, vom Karl-Lueger-Ring bis zum Brigittaplatz, an unseren steirischen Hausberg, an die Almen und Wälder, in denen wir Holz fällten, an meinen alltäglichen Weg von der Hansaallee zur Berliner Allee, an das Haus und die Arbeit in Afrika, sowie an meine Wohnung am korinthischen Golf. Welches ist meine wahre Heimat?

Deutschland, ein Land, das ich als Erwachsene kennenlernte, zu dem ich mich frei entschieden habe und das mir zur zweiten Heimat wurde. Ein Land, in dem ich mich nicht nur erlebnismäßig, sondern auch geografisch, historisch und kulturell besser auskenne als irgendwo anders auf der Welt. Da, wo ich stehe, kann ich auch Deutschlands politisches Psychogramm erkennen. Ich hänge an Deutschland und gleichzeitig mache ich mir Sorgen um Deutschland. Die alltägliche Gewalt nicht nur gegenüber Ausländern und Flüchtlingen, sondern auch die vielen Angriffe auf Behinderte, die Schändung von Grabsteinen beunruhigen mich und verwandeln meine Nächte in Alpträume.

> „Denk ich an Deutschland in der Nacht,
> Dann bin ich um den Schlaf gebracht"
> *(Aus: Heinrich Heine: „Nachtgedanken")*

Sollte etwas noch Bedrohlicheres in Deutschland geschehen, so hoffe ich, zum richtigen Zeitpunkt zu sterben, um das, was in meiner zweiten Heimat geschieht, nicht zu erleben. Aber was heißt hier Heimat und zweite Heimat, wenn man einer von denen ist, die nirgendwo daheim sind. Und denen es klar ist, dass Heimat ein Durchgangsort derer ist, die Bescheid wissen: Wir sind aus Erde geschaffen und wir werden zu Erde. Wir sind nur Gast auf Erden.

Glanz und Elend der Mehrsprachigkeit

Ich trage die komplette Schuluniform, ein weißes Hemd, ein dunkelblaues Jackett, ebensolche Kniesocken und ein winziges Käppchen mit den Initialen NDS. Ich blicke von außen durch die vielen Fenster, das Treiben der Schülerinnen und höre ein babylonisches Sprachengewirr. Durch das Gittertor gehe ich hinein, die Treppe hoch zum Direktionszimmer. Das Käppchen in der Hand, stehe ich an der Schwelle.

„Was wollen Sie hier?", fragt mich die Oberschwester. „Ich bitte sie um mein Dossier in Französisch." Sie sucht in sämtlichen Akten ohne Erfolg, lacht mir ins Gesicht und sagt auf Deutsch: „Sie gehören zu einer besonderen Klasse!" Ich eile durch die Korridore zum oberen Geschoss und denke dabei, dass ich wie ein Abziehbild sei, eine dunkelblaue Vervielfältigung meiner selbst. Ich will zugeben, dass zwischen dem Schulmädchen, das seinen Klassenraum sucht und mir eine gewisse äußere Ähnlichkeit vorliegt. Trotzdem – ich sehe anders aus! Ich bin eine Frau im reifen Alter mit einem mehrfarbigen Streifenkleid aus Patchwork und sitze auf der Schulbank.

Als ich am nächsten Morgen aufwache, wird mir die Bedeutung des Traumes klar. Die Krise ist überstanden, ich muss mich erneut in die Arbeitswelt hineinfinden. Ich stecke meinen Lebenslauf in die Tasche, gehe zum Arbeitsamt und frage nach einer Umschulung mit dem Schwerpunkt Deutsch.

Rückgriffe auf die Kindheit sind wichtig, um zu wissen, was und wie es war. Denn alles, was mit uns und in uns geschieht, ist Glied einer Kette. Um es deutlicher zu machen, will ich kurz skizzieren, wie für mich meine Sprachen eine nach der anderen entstanden sind und wie ich Glanz und Elend der Mehrsprachigkeit erlebt habe.

„I mitimu", sagte die Großmutter und fasste ihre Nase an. Dann sagte sie „I mitisu" und fasste meine Nase an. Sie zeigte ihre Körperteile, deutete auf Kleidungsstücke und Tiere und erklärte dabei deren Bezeichnungen. Der Ton und die Satzmelodie blieben im Gedächtnis, egal ob das kleine Kind die Wörter wiederholen konnte oder nicht. Manchmal führte die Großmutter dabei andere Bewegungen aus, um zu überprüfen, ob das Kind sich auf seinen Verstand verlasse. So oder so ähnlich lernte ich Griechisch, die Muttersprache. Die Großmutter und die Tanten, bei denen ich aufwuchs, waren sprachfreudig und ich freute mich jedes Mal auf die Sagen und Legenden der alten Griechen.

Vater sprach meiner Großmutter zuliebe Griechisch, im Geschäft Türkisch, in Gesellschaft Französisch und mit seinen Verwandten Spaniolisch. Er gehörte zu jenen jüdischen Familien, den Sepharden, die das alte Spanisch des 15. Jahrhunderts erhalten hatten. Auch Mutter kam aus einer Minderheit, sie sprach Griechisch mit ihrer Familie und Französisch mit meinem Vater. Unsere Familie bezeichnete sich als kosmopolitisch. Das war sie auch mit Haut und Haaren, wie ihre Akzente eine fremdländische Farbe verrieten, in der sich Klänge mehrerer europäischer Städte mischten.

Mehrsprachigkeit war Familientradition. Allerdings vertritt Vater in Briefen, die ich bis heute aufgehoben habe und in Tagebüchern, die mir nach seinem Tod übergeben wurden, folgende Ansichten:

„Ich bin der Auffassung, dass die heranwachsende Jugend einer Minderheit zuerst die Landessprache, das Türkische, lernen soll, um sich nicht als Fremdkörper zu empfinden. Wir werden aber als ein solcher angesehen und nicht voll anerkannt, falls wir das Türkische nicht beherrschen. Das ist mir deutlicher bewusst geworden, in allen Fällen, in denen das soziale Prestige auf dem Spiel steht. Trotz Toleranzplädoyers für Minderheiten ist auch in der Türkei der Fremde nicht besonders geachtet: ‚Gavur' ist ein Schimpfwort, das geringschätzig den Nicht-Türken kennzeichnet, der nicht dazugehört. Unsere Kinder werden sehr scharf reagieren, wenn sie als ‚Gavur' betrachtet werden. Daher die zwingende Notwendigkeit einer türkischen Grundschule."

Mit fünf wurde ich in den türkischen Kindergarten geschickt. Mit Hilfe von Reigen, Abzählversen, Reimen und Liedern begann ich die Landessprache zu lernen. Gewiss gab es schon damals Probleme und Nöte, wie bei allen Kindern unterschiedlicher familiärer Herkunft, die sich gemeinsam auf die Schule vorbereiten. Aber diese Schwierigkeiten waren durch Singen und Spielen leicht zu überbrücken. Und ich konnte mir, ohne es zu merken, die Artikulation der türkischen Wörter und den Satzbau aneignen.

In der Grundschule wurde es allerdings schwieriger. Ich hatte Probleme mit dem Lesen und Schreiben. Viele Wörter waren auf einmal fremd. Es halfen nur noch Privatstunden. Eine türkische Lehrerin unterrichtete mich zusätzlich nach der Schule. Tag für Tag, Sommer und Winter. Die Welt verdoppelte sich. Und ich bekam den Eindruck, als wüchse ich aus einer doppelten Wurzel. Mein Vater vertrat folgende Überzeugung:

„Ein fremdsprachiges Lyzeum ist ein Grundstein für die Erweiterung von Weltkenntnis und Welterfahrung. Aspekte, die über die Grenzen einer einzigen Sprache hinausweisen. Glücklicherweise haben wir in Istanbul neben jüdischen, griechischen und armenischen Gymnasien auch mehrere Auslandsschulen, wie die englische, die österreichische und die deutsche. Aber vieles spricht für die französische Mädchenschule Notre-Dame de Sion und ihr Internat. Sie ist eine besondere Schule und hat Tradition. Unsere Tochter wird dort in guten Händen sein, in einer Gemeinschaft leben, Selbstständigkeit und Verantwortung für sich und andere erfahren.

Fünfundzwanzig Jahre ist es her, dass ich in die katholische Klosterschule, Saint Benoît, geschickt wurde. Ich war sehr angetan von den Patres und Präfekten und von der Auseinandersetzung mit den vielen Mitschülern aus verschiedenen Nationalitäten. Das Internatsleben wirkte sehr bereichernd. Heute noch betrachte ich die französische Schule als ein Stück Heimat. Außerdem bietet sie die Chance für zusätzliche Sprachen wie Türkisch und Englisch. Nicht umsonst ist seitdem meine Devise: ‚Fremde Sprachen haben viele Fenster.'"

Französisch mussten wir lernen um jeden Preis. Und der Preis war hoch. Es gab einen Holzschlüssel, der in den Pausen und in den außerschulischen Exkursionen kreiste. Wagte eine von uns, in einer anderen Sprache als in Französisch zu reden, passierte es ihr, dass die beste Freundin ihr unerwartet den Schlüssel zusteckte. Wer am Ende des Tages den Schlüssel hatte, musste mit einer Strafe rechnen, während alle anderen ungerechterweise heil davon kamen. Was folgte, war noch schlimmer als eine Null im französischen Aufsatz, von der man sich schwer erholen konnte.

„Nun gut, ein solches Erziehungssystem, das nur die Letzte einer unendlichen Reihenfolge bestraft und alle anderen unbestraft lässt, mag fragwürdig sein. Aber bitte, sprich nicht schlecht von den Klosterschwestern und von Dingen, die Du noch nicht bewerten kannst. Wie kannst Du bloß von ‚einer Er-

ziehung, die zu Verrat und Verräterinnen erzieht' sprechen! Also wirklich, Töchterchen, du gehst zu weit! Die Nonnen und Patres zeigten uns gegenüber im Zweiten Weltkrieg ein vorbildliches Verhalten. Sie haben uns Juden nicht verraten. Wir sind den opfermutigen Schwestern zu großem Dank verpflichtet. Toleranz ist für sie keine exotische Tugend, jedoch sind Vorstellungen von einer straffreien Welt Utopien. Für die kleinen Strafen, die einem den richtigen Weg zeigen, muss man eher dankbar sein. Dein Gruselmärchen wirft eher einen Schatten als Licht auf die Sache. Du weißt doch selbst, dass nur wenige Kinder Französisch als Muttersprache haben. Und dass die meisten, sobald der Unterricht vorbei ist, dazu tendieren, in die Landessprache zurückzufallen. Was verständlich ist, aber nichtsdestoweniger ein großes Hindernis in eurem Lernprozess ist. Um diese Hürde zu vermeiden, hat man Verschiedenes ausprobiert. Bedauerlicherweise ohne Erfolg. Sodass man gezwungen war, ein solches Sprachverhalten vorzuschreiben. Und wie soll man überwachen, ob alle auch den Aufforderungen nachkommen, ohne die Mithilfe der Kinder, die die Verstöße gegen die Vorschrift melden? Was Du als Verrat bezeichnest, war nur eine Sanktion, die Euch zur Beschäftigung mit den schulischen Schwachstellen anregen sollte."

Täglich wurden uns neue Maximen, neue Ideen, neue geistige Nährstoffe aufgetischt. Zu dem französischen Stoffpensum kam nach drei Jahren die englische und italienische Sprache dazu. Es war nicht leicht, alles rechtzeitig wie erwünscht zu bewältigen. Man war überfordert, aber das gehörte dazu, wenn man diese anspruchsvolle Schule besuchte.

Das Einpauken der Wörter ging noch. Das Diktat hasste ich und die französische Grammatik begriff ich nur schwer. Dass ich in einer babylonischen Sprachverwirrung lebte, machte meine täglichen Aufgaben noch schwerer. Das war möglicherweise einer der Gründe, weshalb ich in der Schule überdurchschnittliche Sorgen hatte. Oft musste ich bis zur Erschöpfung lernen. Wenn ich trotzdem nicht so vorankam, wie ich es mir wünschte, befielen mich Zweifel. Wurde ich in solchen Augenblicken der Verzweiflung im Unterricht aufgerufen, brachte ich keinen Ton heraus und rang nur noch nach Luft.

„Die Oberschwester berichtet mir, Du hättest einen Anfall der Verzweiflung. Ich war sehr beunruhigt und habe mit einem befreundeten Arzt darüber gesprochen. Er sagte, dem jungen Menschen könne es geschehen, dass ihn ein Gedanke, ein Erlebnis, ein Problem bis in eine tiefe Schicht seiner Seele angerührt habe, sodass er sich nur noch in einer Sprache äußern könne. Wenn er dann gezwungen werde, sich dennoch in einer fremden Sprache zu äußern, gerate er in Schwierigkeiten. Der Ausdruckswille stoße gegen Hindernisse, wenn sich das rechte Wort nicht sofort einstelle. Das Wort müsse gesucht werden, der Druck staue sich und das schmerze, beunruhige, ma-

che unsicher. Ich habe sofort mit der Oberschwester telefoniert und sie hat mir versichert, dass es Dir besser geht. Wenn wir Dich jetzt von der Schule wegnehmen sollten, dann verlierst Du nicht nur ein Jahr, sondern auch die Möglichkeiten, die Dir das Internat bietet. Wir sind so verblieben, dass Du Nachhilfestunden bekommst. Du kannst dann nachfragen, was Du im Unterricht nicht verstanden hast. Ich weiß, dass Du Fleiß und Ausdauer besitzt, und dass Du die jetzigen Schwierigkeiten überwinden und meistern wirst. Arbeite gut und denk daran, wie gern ich Dir bei Deinen Hausaufgaben geholfen hätte."

Der Druck verminderte sich, als die Bibliothekarin der Klosterschule mich unter ihre Fittiche nahm und mit mir zu lernen anfing. Ihre Stimme, ihr Gesichtsausdruck sprachen mich an. In der Bibliothek fühlte ich mich geborgen, und es dauerte nicht lange, bis mit den besseren Noten in Französisch sich Erfolgserlebnisse einstellten. Da platzte die harte Schale um mich und die Lernlust steigerte sich immer mehr.

„Was soll das heißen, was meinst Du damit, wenn Du sagst, Du seiest wie ein Abziehbild? Verstehe ich richtig, dass ein Dummkopf Dich so bezeichnet hat? Was soll der ganze Quatsch. Du bist meine Tochter und damit basta! Solltest Du darauf bestehen, in Israel zu bleiben, dann bist Du frei in Deiner Entscheidung. Wir haben bestimmt nichts dagegen. Wir können Dir nur unsere Hilfe anbieten. Aber ich bitte Dich, überdenke die Dinge noch einmal gründ-

lich und ob Du nicht wenigstens über den Sommer hierher kommen möchtest. Du kannst jederzeit nach Israel zurück. Deine zwei Semester Hebräisch gehen bestimmt nicht verloren. Solltest Du mir mitteilen, dass Dein Entschluss feststeht, so werde ich veranlassen, dass über eine der Banken noch Geld nach Jerusalem überwiesen wird."

Zuerst dachte ich an eine vorübergehende Rückkehr, dann kam der Herbst und damit das neue Semester. Ich hatte keine Lust, die Zeit zu vertrödeln bis meine Ausreise bewilligt war und so nahm ich meine englischen Bücher unter den Arm und ging zum Fach Anglistik an der Istanbuler Universität. Dort schloss ich mich einer Gruppe Übersetzer und Literaten an, die penibel versuchten, das Türkische von allen persischen und arabischen Wörtern zu reinigen. Dass in diesem Umfeld ein gewisser Ehrgeiz gefördert wurde, Türkisch genau und ohne Akzent zu sprechen, ist nur zu selbstverständlich. Nicht durch meine Geburt oder die Schulen, sondern durch die sozialen Kontakte gelang mir die totale Beherrschung der Sprache, und zwar so, dass ich durch nichts von einer waschechten Türkin zu unterscheiden war. Meine Lehrer und Freunde aber spürten, was mir fehlte. Erfahrungen, die nur fern von der Geburtsstadt gewonnen werden konnten. Sie redeten mir zu, mich für ein Auslandsstipendium zu bewerben. Gesagt, getan.

„Hoffentlich kriegst Du ein Auslandsstipendium, das wünsche ich Dir von ganzem Herzen. Ich denke

gerne an die Zeit zurück, die ich während meiner Ausbildung in Paris verbracht habe. Von dort aus hatte ich viele Reisen innerhalb von Europa unternommen. Die Idee, die dahinter liegt, ist eine Art Ritual für die Pilger und Suchenden. Wer erwachsen und weise werden will, muss sein Brot eine Zeit lang in der Fremde gegessen haben. Wie die alten Handwerker, die in die Fremde zogen, um Erfahrungen zu sammeln."

Ich dachte dabei an Frankreich oder England und war ganz erstaunt, als ich mit meinem kleinen Koffer in Salzburg landete. Es war Hochsommer und der Sprachkurs hatte schon längst angefangen. Ich platzte als Quereinsteigerin hinein, lernte unbefangen und hatte Spaß daran, mithilfe der Zeichensprache einen deutschen Freund aufzugabeln, der, natürlich nur aus Liebe zur Sprache, mir bei meinen Hausaufgaben half. Wir schlenderten durch Straßen und Parkanlagen und versuchten alles, was wir über Gott und die Welt wussten, in Worte umzusetzen. So leicht und spielerisch ging es mit der Geburt der deutschen Sprache.

Das beste Deutsch spreche man im Theater, so hörte ich. Theater-Hochdeutsch. So ohne weiteres konnte ich nicht ins Theater gehen. Die Karten waren unerschwinglich. Ich überlegte mir, was ich tun konnte, um dort so oft wie möglich zu sein. Garderobiere oder Statistin? Ich ging und fragte einfach und hatte so neben den endlosen Universitätsdiskussionen der

68er Jahre auch einen Job. Ich liebte die lebhafte Atmosphäre und schnappte immer mehr neue Wörter, Redewendungen und Satzfetzen auf, die mir wichtig erschienen. Was nicht in den Rahmen passte, ließ ich fallen. Zwei, drei Jahre vergingen, bis ich die Sprache trotz mancher Unvollkommenheiten flüssig beherrschte und im Podium mitdiskutieren konnte. Ich nahm an Kolloquien teil, sammelte Zeugnisse und bereitete mich auf die Examina vor.

In der dritten Etappe ging jeder seinen eigenen Weg und ich geriet in eine lustlose und wortkarge Umwelt. Nun auf einmal musste ich auf das gesprochene Wort verzichten und dafür Zeilen in die Maschine hacken und Berge von Korrespondenz erledigen. Mit steigender Sprachfertigkeit war der Ausdruck zwar freier geworden, jedoch zeichneten sich die vielen Unebenheiten und Ausdrucksmängel klarer ab. Man hatte meine bisherigen Fehler überhört oder hingenommen, um den Fluss der Kommunikation nicht zu stören. Jetzt aber sah man die sprachlichen Schwächen als Hindernis und Befangenheit trat auf.

Nach dem Studium fiel ich in einen luftleeren Raum. Es gab keine Diskussionen mehr. Kaum einen anregenden Gesprächspartner. Ich vergrub mich in meinem Kämmerchen und wurde zum Bücherwurm. Obgleich der passive Wortschatz sich durch die stille Lektüre erweiterte, stagnierte der Sprachvorgang. Ich verständigte mich mithilfe der Sprache, lernte aber nichts dazu. Die Stagnation war deutlich zu erkennen. Ich war traurig, aber ließ den Kopf nicht hängen.

Erst als ich berufliche Schwierigkeiten bekam, verlor ich den Mut und dachte daran, mich aus der Arena zu schleichen. Dem Konkurrenzkampf fühlte ich mich nicht gewachsen. Es wurde mir angedeutet, ich solle eine einwandfreie Sprachleistung liefern, wenn ich eine meinem Studium angemessene Stelle bekleiden wolle. Im Klartext hieß das, ich hätte hinter meinen deutschen Kollegen zurückzustecken. Zweifel und Verzweiflung kamen auf. Zum zweiten Mal in meinem Leben geriet ich in Sprechnot. Ich begann zu stottern und nach Luft zu ringen, sobald ich etwas auf Deutsch sagen musste.

„Ich bin sehr beunruhigt und besorgt wegen Deines Zustandes, den Du als die schlimmste aller Deiner bisherigen Depressionen bezeichnest. Was sagt die Logopädin, außer dass Sprachstörungen bei Ausländern häufig vorkommen und dass die Ursache in der Spannung liegt, zwischen dem, was man sagen will und was man sagen kann ... Ich gestehe, es tut mir weh, wenn ich daran denke, dass ich Dich ‚unter Druck' gesetzt haben soll, wie Du schreibst, und dies schon von Kindheit an. Wie oft haben wir schon dieses Gefühl der Überforderung miteinander analysiert."

Ich hatte Schiffbruch erlitten und suchte nach einem ruhigen Hafen, als ich mich an die Küste einer griechischen Insel verschlagen fand. Dort lebte einst meine Mutter und leben heute meine ehemaligen Spielkameradinnen. Lebt eine Sprache, die voll Kindheitserinnerungen ist? Endlich konnte ich einem seit langem ersehnten Wunsch nachgehen: In die Muttersprache eintauchen, mich in sie vertiefen und prüfen, ob ich im Griechischen heimisch werden kann.

Ohne Zeit zu verlieren, meldete ich mich in einem Lager mit einer Schule für griechischsprachige Einwanderer. Die meisten Teilnehmer kamen aus Makedonien, Russland und Kanada. Alle sprachen mehr oder weniger gut ihre Muttersprache, hatten aber Schwierigkeiten mit dem Lesen und Schreiben. Wir saßen unter den Maulbeerbäumen und knüpften an den alten Sagen an. Wir hörten den Lehrern zu, wie zurzeit von Platon und Pythagoras. Wir lasen die Odyssee, während die Bienen tüchtig über den Maulbeeren kreisten und die Boote sich zum Fischfang entfernten, und ich mit dem Gedanken spielte, bis ans Ende meiner Tage auf dieser Insel zu bleiben.

Ich wusste zwar, warum ich auf dieser Insel war, was mich dazu bewegte, nicht aber, ob ich, wie die meisten Einwanderer, wirklich in Griechenland Fuß fassen konnte und wollte. Ein beruflicher Anschluss, meinem Studium angemessen, schien ausgeschlossen. Außerdem wurde ich das Gefühl nicht los, dass ich mich muttersprachlich nicht so mitteilen könne wie auf Deutsch. Ich überdachte mein Verhältnis zu meinen Sprachen. Ich hatte ein Anspruchsniveau erreicht, das sich nur schwer auf eine andere Sprache übertragen ließ. Ein zweisprachiger Professor, der meine Leistungen in beiden Sprachen kannte, sagte: „Sie brauchen mindestens fünf Jahre, bis Ihr Griechisch so verfeinert und differenziert sein wird wie Ihr Deutsch." Damit war Griechisch, wenn nicht begraben, so doch in den Hintergrund gerückt.

„Also, was gedenkst Du zu tun? Natürlich kannst Du in die Türkei zurück. Sag Du uns, was Du denkst, und wir werden sagen, was wir davon halten. Aber wohin Du immer gehst, denke, dass Du unseren Segen hast und dass Du Dich, dank Deiner Sprachen, einigermaßen zuhause fühlen wirst. ‚Man ist sovielmal Mensch, wie man Sprachen spricht.' Hat dies Friedrich der Große gesagt? Mir kommt es vor, als wäre es eine uralte Wahrheit. Das Kommunizieren mit den Fremden in ihrer eigenen Sprache hat immer schon Festlichkeiten Glanz verliehen. Wer mehrsprachig ist, macht die Erfahrung, dass jede Sprache eine Seele hat. Jede Sprache ist einzig und charakteristisch. Das eine in dieser Sprache, das andere in jener Sprache lässt sich besser, schöner, eindrucksvoller sagen. Wir drücken den gleichen Gedanken in verschiedenen Sprachen mit verschiedenen Färbungen und Nuancen aus.

Die Sprache ist nie ein endgültiger Zustand, sondern ein ununterbrochener Prozess. Solange man lebt, ist die Beherrschung der Sprachen ein mühevolles Lernen und wieder Vergessen wie die Beherrschung eines Musikinstruments. Es reicht nicht aus,

dass man gut spielt, man muss täglich zur Schule zurückkehren. Zur Schule, die in uns ist, um dort zu üben und zu arbeiten bis zum Tode.
Viel, viel Liebe. Immer Dein Vater."

Vater starb ein paar Monate darauf, aber er behielt Recht. Nach vielen Überlegungen blieb mir nichts anderes übrig, als gezwungenermaßen den Kurs zu ändern und zurück nach Deutschland zu steuern. Zurück zur Schulbank. Zu einer Umschulung mit dem Schwerpunkt Deutsch. Gerade die Mangelhaftigkeit und die Unvollkommenheit forderten mich heraus. Dass ich mit vielen Hürden zu tun hatte und zu tun haben werde, bedeutet mir zurzeit wenig. Ich tröste mich damit, Vergleiche zu ziehen zwischen dem weiten Weg, den ich zurückgelegt habe und dem Weg vor mir.

Die Ironie des Schicksals will es, dass ich einen deutlich erkennbaren Akzent der Mittelmeersprachen behalten werde, genau wie meine Eltern. Aus einem hochmütigen Bewusstsein heraus habe ich als Kind für ihren fremdländischen Akzent kein Verständnis gehabt und mich entweder geniert oder sie auf ihre Artikulation und ihre Fehler aufmerksam gemacht. Jetzt muss ich mit dem gleichen Problem leben. Aber wenn ich über meine Entwicklung nachdenke, dann sehe ich, dass das Lernen keine Spielerei war. Ich habe die Sprachen nicht um ihretwillen gelernt, sondern um andere Realitäten, um andere Kulturen zu entdecken.

Ich verstehe jetzt besser meinen Traum mit der Schuluniform. Es war nicht nur das Zeichen dafür, dass ich zurück zur Schule gehen sollte, sondern auch ein Bild für die Mehrsprachigkeit. Sie erinnert mich ein wenig an die Bilderserie von Andy Warhols Marilyn Monroe. Jede Sprache verfärbt die Persönlichkeit und lässt sie in einem anderen Licht erscheinen.

Die Angst ist meine Wurzel

„Die Angst ist meine Wurzel", sagte mir mein Vater. „Weil ich ein Jude bin." – Es ist viel Zeit vergangen, bis ich die Bedeutung und die Tragweite des Anders-Seins und die damit verbundene Angst, Fremde zu sein, erfahren habe. Obwohl mir dieses Problem seit meiner frühesten Kindheit unter der Haut brannte. Mein Vater war Jude, meine Mutter Griechin, und ich ein Mädchen, das in der Türkei geboren wurde und in einem französischen Kloster aufwuchs, bevor ich nach Deutschland kam. Griechisch, türkisch, jüdisch und mehr als die Hälfte des Lebens in Deutschland. Vier oder fünf ineinander verschachtelte Lebensläufe, die nicht voneinander zu trennen sind. So ein Leben zerreißt die Fäden allgemeiner Vorurteile. Man sitzt nicht zwischen zwei Stühlen, sondern zwischen mehreren gleichzeitig, ist hin- und hergerissen. Das Bewusstsein eines Menschen, der nicht aus einer einzigen Identität besteht, entwickelt sich anders. Ich frage mich, was in einem Menschen, der anders ist, vorgeht. So gesehen sind das, was ich über meine jüdisch-türkisch-griechische Identität in Deutschland zu erzählen habe, Splitter aus einem Leben, das mehrfach fremd ist. Zeugnisse von Erschütterungen wegen

Herkunft und Hautfarbe, die ich im Rahmen meiner Bildung und meiner Generation erfahren habe.

Ich habe noch vor Augen, wie ich als kleines Mädchen mit meiner griechischen Tante in der Türkei unterwegs war, als Tausende von Menschen, mit Stangen bewaffnet, die türkische Fahnen und Bilder von Kemal Atatürk mit sich trugen, uns entgegen kamen. Jemand aus dem Polizeikordon schrie uns von Weitem zu, dass wir nicht in die Stadt hineinfahren könnten. Während wir dort standen, um zu erfahren, was los sei, traf uns schon ein Steinwurf. Meine Tante zitterte vor Angst. Ich fürchtete, dass sie etwas sagen würde, ihre Herkunft durch ihren Akzent verraten würde und flüsterte: „Sei bitte still, wenn man uns fragt, lass mich antworten."

Drohend rückte die Menge vor, wir wussten nicht, was dahinter stand, konnten aber ahnen, dass unsere Befürchtungen richtig waren, obwohl wir kein Wort miteinander wechselten. Wir bogen in eine Nebengasse ein und suchten Unterschlupf in einem internationalen Hotel. Erst am folgenden Morgen erfuhren wir, dass die Spannung zwischen Griechen und Türken durch ein neues Ereignis angeheizt worden war. Die Zeitungsüberschriften hatten die Nachricht gebracht, dass in der Nacht vom 6. auf den 7. September 1955 das Atatürk-Haus in Thessaloniki durch eine Bombe zerstört worden sei. Einige Schlagzeilen hatten genügt, um eine Masse gegen eine Minderheit in Bewegung zu setzen. Das Ergebnis waren schwere Ausschreitungen gegen Griechen, Armenier, Juden und andere Ausländer.

Mein Vater erzählte mir, dass das Osmanische Reich eine freundliche Zufluchtsstätte gewesen sei, seit die Tore Spaniens im 15. Jahrhundert für das jüdische Volk verschlossen wurden. Die Gemeinde Adrianopel, das heutige Edirne, war bald von den Sepharden bevölkert. Sie bekamen Asylrecht, bekamen mancherlei Freiheiten und behielten den heimatlichen Dialekt, das Spaniolische.

Die Familie meines Vaters siedelte von Adrianopel nach Istanbul über und ließ sich im jüdischen Viertel „Balat" nieder. Vater wurde zuerst in eine französische Schule geschickt, dann zu Lehre und Diplom nach Paris. Er unternahm viele Reisen nach Sofia, Bukarest, Mailand und Jerusalem. Er kam als Atheist, Freidenker, ein Jude ohne Gott, aber vor allen Dingen als ein Jude zurück. Stolz auf die Kibbuzim verhielt er sich leidenschaftlich engagiert für Israel. Er sah sich als ein geduldeter Gast. Wie alle türkischen Juden hatte auch der Vater in den vierziger Jahren Sondersteuer gezahlt. Aber schließlich war das nichts im Vergleich zu den Verfolgungen in Europa. Gewiss wusste er die Sicherheit zu schätzen, die die orientalischen Juden genossen. Fragte man ihn aber: „Wie siehst du die Weltsituation?" „Trübe" sagte er, „ich habe was ins Auge gekriegt!"

Er liebte nicht nur Witze, sondern hatte auch eine Vorliebe für die Seitengassen, er verließ gern die eleganten Hauptstraßen, um einen gründlicheren Blick in das Leben der Städte zu werfen. Es war, als müsste er mich auf seinen Wanderungen mitnehmen, um mir nicht nur die schönen Ansichten der Stadt zu zeigen, sondern um mich mit den verschiedenen Lebenswelten bekannt zu machen. Wir bummelten zwischen Betonbauten und Holzhäusern und verloren uns in Sackgassen. Die Erker hatten Fenster, die mit hölzernen Gittern versehen waren. Hier lebten die islamischen Fundamentalisten. Sie waren leicht zu erkennen an ihren Vollbärten; ich sehe sie, wie sie vor der Moschee saßen und an einem langen Rosenkranz spielten. Auf dem Platz befand sich ein Krämerladen, darüber hingen, an Wäscheklammern befestigt, einige Zeitungen. Mit dem Kopf deutete der Vater auf die Schlagzeile. Große rote Buchstaben verkündeten: „Die Juden haben ihre Hand im Aufstand der irakischen Kurden im Spiel."

Stillschweigend wanderten wir unter schattigen Platanen, bis wir auf eine Verkehrsstraße stießen. Erst im Lärm der hupenden Autos begann der Vater zu sprechen. „Die Herausgeber von diesem Blatt haben nichts anderes im Kopf, als falsche Informationen und antisemitische Vorurteile zu verbreiten. Solche hetzerischen Parolen sind Teil ihres Programms."

Es war keine Empörung in der Stimme meines Vaters, eher ein Bedürfnis aufzuklären. „Das kritische Umgehen mit den Zeitfragen hängt von den Informationen, die wir bekommen, ab. Du sollst nicht alles glauben, was du liest, nur weil es schwarz auf weiß geschrieben steht." Antisemitische Bücher und schwarze Listen über die jüdischen Mitbürger kursieren noch heute in der Türkei. Nach einigen Veröffentlichungen von 1987 zu urteilen, geht der Islam beim europäischen Antisemitismus in die Lehre. Juden werden zu Agenten hochstilisiert, die bei imperialistischen und zionistischen Verschwörungen mitarbeiten. Diese Bücher behaupten, die Juden schrieben dem amerikanischen Senat eine Politik vor, hätten ihre Finger im Kurdenaufstand im Spiel und seien eine Bedrohung nicht nur für die Türkei, sondern für die ganze Welt.

Die erste antisemitische Szene erlebte ich auf dem Schulhof der Volksschule. Da geschah es, dass Kinder rannten und mich als dreckige Jüdin schubsten. Es wurde mir ein ekliger Charakter nachgesagt, weil ich mit Akzent sprach. Von nun an sah ich in der perfekten Beherrschung der türkischen Sprache das einzige Mittel, dem Spott und den Nachteilen der nicht türkischen Schüler zu entkommen.

Mit zehn sprach ich ein viel besseres Türkisch als meine Eltern. Es gab mir das Gefühl der Überlegenheit und ließ mich zuhause stark und sicher fühlen. Aus diesem hochmütigen Bewusstsein heraus genierte ich mich für meine Eltern. Ihr fremdländischer Akzent ging mir auf die Nerven. Es irritierte mich, dass sie sich nicht die Mühe gaben, das Türkische richtig zu lernen. Ich vermutete eine unversöhnliche Feindschaft und eine innere Ablehnung gegen die Türken. Ich begann meine Eltern auf ihre Sprachfehler aufmerksam zu machen, sie dauernd zu belehren und zu korrigieren und ihre Aussprache als hässlich zu bezeichnen. Damals wusste ich nicht, wie sehr man einen Menschen demütigt, wenn man ihm ständig den Eindruck vermittelt, er könne nicht einmal das Einfachste: Nämlich richtig sprechen, was alle anderen mühelos tun.

Die sephardischen Juden der Diaspora ließen ihre Kinder nach der Grundschule in französischen Klosterschulen erziehen. Ich wurde ebenfalls nach dieser Tradition auf ein katholisches, französisches Lycée geschickt. Hier lernten wir einiges über die Französische Revolution, ihre Ursachen und ihre großen Aufklärer. Die verkündeten Ideale der Freiheit und Menschenrechte wurden sofort die wichtigsten Elemente meiner Werteskala. Und ich entwickelte einen Sinn für soziale Gerechtigkeit, für eine gerechtere Verteilung der Arbeit und der Gewinne. Ich sah vor mir die Masse der armen Leute um die Bastille herum und wie sie sich wehrten. Weiterhin lernten wir im Unterricht, dass nichts uns abhalten dürfte, eine Sache zu unterstützen, die wir für gerecht hielten. Allerdings müssten wir zuerst prüfen und uns nicht sofort überzeugen lassen, was gerecht und ungerecht ist.

Eine besonders peinliche Erfahrung hatte ich bei der türkischen staatlichen Reifeprüfung in der türkischen Sprache. Wir mussten strammstehen, durften uns nicht gehen lassen. Die Prüferin hielt sich hinter unserem Rücken auf, ihr Blick steif auf die Schülerinnen gerichtet, genau in den Nacken. Nur wenn unsere Nummer aufgerufen wurde, dann durften wir leicht den Kopf dem Prüfer zuwenden, wie beim Militär.

Die Prüfungsfragen lagen in Losen. Zu meinem Glück oder eher Unglück zog ich „Montaigne". Ich begann ausführlich zu erzählen, alles, was ich über ihn wusste, denn ich las damals mit Bewunderung die französischen Philosophen. Darauf fragte mich die Prüferin, eine türkische Literaturlehrerin, woher ich das alles wisse? Ob ich Montaignes Werke gelesen habe? Gerade in dem Augenblick rutschte mir der Titel seines Hauptwerks in der Originalsprache aus dem Mund: „Les Essais". Plötzlich wurde die Lehrerin ganz wütend. Sie sagte mir, wie könne ich mir erlauben, das französische Wort „Essai" bei einer türkischen Reifeprüfung zu gebrauchen. Wer sei ich? Eine Nummer. Eine KZ-Nummer. Es folgte eine Schimpftirade voller Demütigungen und Beleidigungen, und sie schloss ihre Rede, in dem sie sagte: „Du hast ja das Glück, dass wir aus dir nicht Seife und Toilettenpapier machen, wie die Deutschen es mit den Juden getan haben."

Kurz nach dem Abitur meldete ich mich zu einer Prüfung als Fremdenführerin an. Ich hatte vor, neben meinem Universitätsstudium zu jobben und lernte bei der Gelegenheit mit Vergnügen die Namen der griechischen Götter: Apollo, Artemis, Aphrodite ..., die griechischen Tempel, der Pergamon-Altar, die Geschichte der Hagia Sofia, verbunden mit der Eroberung von Istanbul, meiner Geburtsstadt.

In diesem Sommer 1963 kündigten die türkischen Zeitungen mit großen Lettern Worte an, die den Puls des Volkes erhöhten. Es entbrannte erneut ein Streit zwischen der türkischen und griechischen Regierung. Die freundschaftlichen Beziehungen veränderten sich wegen des Konflikts um Zypern und andere Hoheitsgebiete zur Feindschaft. Meine ganze Verwandtschaft mütterlicherseits lebte in Angst, dass man ihr Haus plündern und anzünden könnte. Sie fürchtete geschlagen oder ermordet zu werden und plante in stummem Entsetzen ihren Umzug nach Griechenland. Es war für sie nicht einfach, sich von dem Ort zu trennen, wo sie geboren und aufgewachsen waren. Sie besuchten den griechischen Friedhof und nahmen Abschied von ihren Vorfahren. Der Vertreibung der Griechen aus Kleinasien folgte die Vertreibung der Türken aus Nordgriechenland.

Als dann die Prüfungskommission für Fremdenführer mich zum Zypernkonflikt als aktuelles Thema befragte, sagte ich, die Zeitungen würden gehässige Meldungen veröffentlichen und die Brudervölker, die friedlich miteinander lebten, aufeinander hetzen. Etwas anderes musste ich nicht hinzufügen. Ich war schon durchgefallen.

Die einstündige Fahrt von zuhause bis zur Istanbuler Universität veränderte mein Weltbild. Es war, als würde man an einem einzigen Tag durch ganz verschiedene Erdteile fahren. In den Vierteln, in denen ich aufgewachsen war und das französische Internat besucht hatte, gab sich die Türkei europäisch. Wenn man zur Universität ging, fuhr man durch islamisch-orthodoxe Viertel, durch den orientalischen Bazar Kapali Carsi. Gleich an den Topkapi-Toren begannen die Elendsviertel. Mir wurde bewusst, wie das Volk unter der materiellen Not litt, während ich zur glücklichen Minderheit gehörte.

In der Universitätskantine saß ich zum ersten Mal mit jungen Leuten zusammen, die aus türkischen Provinzstädten kamen. Kinder von Bauern und Arbeitern. Ich hörte von „Klassenunterschieden", von „links" und „rechts", Begriffe, die mir bis dahin unbekannt waren. Ein neues politisches und gesellschaftliches Bewusstsein drang in den Universitätsalltag ein. Unsere Interessen lenkten sich auf die Arbeiter, auf ihre Art zu wohnen, zu leben. Wir entdeckten den Reiz der Diskussionen. Sahen die Notwendigkeit einer Veränderung ein. Zum neuen Menschen konnten wir nur werden, wenn wir alle Brücken abbrachen, die uns mit den Alten verbanden. Unsere Pflicht war es, immer auf der Höhe der Zeit zu sein, untadelige Linke zu werden. Uns wurde klar gemacht: „Ein Revolutionär, der Umgang mit der Bourgeoisie hat, oder ihr eine Daseinsberechtigung zugesteht, ist kein Revolutionär, sondern selber ein Bourgeois."

Es war mir verständlich, warum in einem Lande wie der Türkei die überwältigende Mehrzahl der Hochschullehrer, Schriftsteller und Künstler den linken Flügel der Arbeiterpartei bildete. Die soziopolitische Situation der Türkei prägte mein Dasein. Die Sprachenvielfalt und das Nebeneinanderleben verschiedener Völker einerseits, die Kluft zwischen Armen und Reichen andererseits. Nicht durch meine Geburt, sondern durch die Auseinandersetzungen an der Universität, war ich zu einer Türkin geworden.

Kaum fühlte ich mich so richtig als Türkin, wurde ein Stipendium Anlass für einen längeren Deutschlandaufenthalt. Hier kam ich dazu, über die Dramaturgie meines Lebens nachzudenken, über mehrere ineinander verschachtelte Lebensläufe. Die Andersartigkeit bekam neue Akzente, je nachdem in welchem Land ich mich aufhielt. In Deutschland kam meine jüdische Herkunft stärker zum Ausdruck. Inzwischen war mein Bruder nach Israel emigriert und diente in der Armee. Ich besuchte ihn.

Aus Israel zurück nach Deutschland setzten mich meine Freunde aus dem linken Lager unter Druck. Sie forderten mich auf, über Karl Marx' Aufsatz zur Judenfrage zu referieren und zu erläutern, wie die Israelis die Palästinenser unterdrücken. Sicher war es schwer für mich. Einerseits empfand ich eine besondere Solidarität mit dem jüdischen Volk in Israel. Mein Bruder hatte bis zur Unkenntlichkeit entstellte Kameraden. Andererseits war ich betroffen, dass gerade in Israel etwas Schlechtes gegen andere Völker geschah.

Wenn die Hälfte meines Herzens mit den Ungerechten kämpfte, war die andere Hälfte mit meinem Bruder im Krieg am Roten Meer. Diesen Zwiespalt verstand keiner. Es stand dauernd der Vorwurf im Raum: „Du willst dich vor der politischen Arbeit drücken, du willst dich wohl davor drücken, an die Probleme heranzugehen." Weiterhin meinten sie, ich identifiziere mich nur zur Hälfte mit den Marxisten, ich sei nur eine halbe Militante, solange ich nicht allen Angehörigen meiner Klasse den totalen Krieg erklärte. Das bedeutete für mich: Selbstverstümmelung – meine eigene Herkunft zu hassen.

Kam ich aber mit Gegenargumenten, wie die ständige Ankündigung der Araber, die Juden ins Meer zu werfen, warf man mir Einseitigkeit vor. Zuerst litt ich unter ständigem Rechtfertigungsdruck und musste mir selbst fortwährend beweisen, dass ich nicht unmoralisch sei und dass ein Kontakt mit meinem Bruder nichts Verwerfliches ist.

Je öfter man meine marxistische Einstellung auf die Probe stellte, desto stärker wurde mein innerer Abstand. Bis ich begriff, dass ich in dieser Art von Prüfung ewig durchfallen werde. Ich fragte mich, ob hinter der Kritik an der israelischen Regierung nicht auch Antisemitismus steckte. Die gängigen Parolen nachzuvollziehen, schien mir als eine Art von Vergewaltigung mir selbst gegenüber. Gleichzeitig belastete mich ein weiterer politischer Konflikt. Als im Sommer 1974 der Streit zwischen Türken und Griechen zur Teilung Zyperns führte, war mein Vater in Istanbul, meine Mutter in Athen. Mein Herz und meine Gedanken sprangen von einem Ort zum anderen. Mal war ich in der Türkei, mal in Griechenland. Und jedes Mal fragte ich mich, was ich von diesem Krieg zu halten habe.

Im Kreis meiner Berliner Freunde begegnete ich nach dem Ende des Zypernkrieges einem jungen Türken, der zur ärztlichen Untersuchung nach Europa gekommen war. Er hatte den Krieg ohne große Verletzungen überlebt, war aber innerlich gebrochen. „Was vom Krieg zu halten ist", sagte er, „frage nicht die Obrigkeit, die die Befehle erteilt hat, sondern den einfachen Soldaten, der die Leichen gesehen hat."

Ich war Studentin. Man rief meinen Jahrgang zur Mobilmachung auf. Wir wurden in wenigen Tagen auf Hass und Gewalt getrimmt, auf Barbarei, damit man sinnlose Schieß- und Todesbefehle gegen die Griechen ausführen konnte. In Istanbul waren Iraklis und Jorgos meine besten Freunde und auf einmal war ich ‚Soldat' und sie waren Feinde. Nicht unsere Völker haben diesen Bruderkrieg vorbereitet, sondern ihre Staatsmänner. Sie regieren, sie führen den Krieg, sie belügen die Journalisten und wir glauben ihren Lügen. Und was bleibt von einem Feuergefecht übrig? Tote, Vergewaltigte, Verwundete, Vermisste. Von nun an begann ich, mich für den Frieden zu engagieren. Während des Libanonkrieges waren viele Straßen mit Plakaten beklebt, die die israelischen Angriffe auf Beirut mit den Worten „Endlösung" und „Holocaust" gleichsetzten und die Juden als Nazis bezeichneten. Als ich dagegen protestierte, meinten meine deutschen Bekannten, ich sei für die Massaker. Ich war sprachlos.

Ich verstummte und sammelte für mich Bücher, Plakate, Lieder, Witze, die die antisemitische und rassistische Hetze belegten. Als ich sie anlässlich des 40. Jahres seit dem Kriegsende ausstellte, hörte man Stimmen, wie man habe keine Zeit mehr, das Schicksal der Juden zu beweinen. Antisemitismus sei passé. Man habe ernstere Probleme. Wie die Zukunftslosigkeit der Jugend. Warum ertrugen die Zukunftsorientierten die Vergangenheit nicht, wenn man sie dokumentierte? Für die Zukunftsorientierten war die Vergangenheit doch nicht gefährlich, meinte ich.

Mühsame Auseinandersetzungen, die zu nichts führten. Ich unternahm lieber eine Reihe von Reisen nach Afrika und lernte die afrikanische Sicht der Dinge. Der Tod von 50 Millionen von Schwarzen in den Tagen der Sklaverei – Grausamkeiten unvorstellbaren Ausmaßes. Da sah ich Parallelen zu den Methoden der Nazibarbarei: Aufhetzung, Deportation, lange Fußmärsche in Sonnenglut oder in extremer Kälte, Sammellager, Selektion von Tauglichen und Untauglichen, Zwangstätowierungen. Weiterhin entdeckte ich Völker, die unter der Apartheid litten, Geschichten und Kulturen, die von der Vernichtung bedroht sind.

Bei all diesen Erfahrungen habe ich mich immer wieder gefragt, mit welchem Sinn soll ich an die Wirklichkeit herangehen? Wie erlebe ich die Zeichen des Hasses und der Gewalt? Und wie vermittele ich Erkenntnisse über Konflikte, die aufgrund ethnischer, religiöser oder sozialer Unterschiede politisch ausgetragen werden?

Wenn Israel Gefahr droht, wie im Golfkrieg, dann bin ich besorgt und denke an alle meine Bekannten, die nach vielen Jahren der Diaspora und Verfolgung dort ein Heim gefunden haben. Trotzdem ist Israel nicht mein Vaterland. Jedoch weiß ich, dass ich auch dort Wurzeln habe.

Und wenn man mir in Griechenland, im Lande meiner Mutter, bei einer festlichen Tafel im vollen Ernst und in aller Ruhe erklärt, Hitler habe zwar sechs Millionen Juden umgebracht, aber nicht alle, dann weiß ich, dass der Antisemitismus nicht gestorben ist. Es gibt noch viele, die nichts gelernt haben und den Tod des Anderen wünschen.

Und nun, angesichts der neu entflammten Fremdenfeindlichkeit, vermeide ich es, über die Zukunftslosigkeit der Jugend zu reden, weil ich Angst vor einer Wiederholung habe. Ich habe Angst, dass die Vergangenheit unversehens in die Gegenwart zurückkehren kann, wenn man sie vergisst.

„Ich brauche ein geistiges Haus."
Vom Leben in christlicher, jüdischer
und griechisch-orthodoxer Tradition zugleich

Ich bin eigentlich kein Denkertyp, aber ich frage mich an manchen Tagen: Was ist der Sinn des Lebens? Woher kommen wir? Wohin gehen wir? Wo stehe ich? Wie stehe ich zu den Religionen? Schließlich, wer bin ich? Für diese ganz besonderen Tage brauche ich ein geistiges Haus. Zuweilen fühle ich mich heimisch darin, dann kann ich es gestalten, Kraft tanken. Zuweilen ist alles mit Staub bedeckt, und ich kann vor lauter Staubwolken nicht das Wesentliche sehen. Wenn bei mir Chaos herrscht, brauche ich Zeit zur Reinigung, Zeit zum Aussortieren, bis wieder Harmonie entsteht.

Um mein geistiges Haus zu beschreiben, muss ich allerdings etwas weiter ausholen. Seine Entstehung begann in einem Alter, in dem ich die Sprache nicht genügend beherrschte. Um es genau zu sagen, die ersten Grundsteine wurden vor meiner Geburt angelegt. „Ich will keine Christin als Schwiegertochter. Wenn du sie unbedingt haben willst, dann enterbe ich dich!", drohte der Vater meines Vaters. „Ein Übertritt zum Judentum, das kommt nicht infrage. Ich bin als Griechin geboren, ich werde als Griechin sterben", sagte meine Mutter.

„Und aus euren Kindern, was soll aus ihnen werden?", fragten die Verwandten. „Unsere Kinder sollen selber entscheiden, wenn sie alt genug sind, ob sie Christen oder Juden sein wollen!", sagten Mutter und Vater gemeinsam. „Es hat keinen Sinn, Neugeborene in eine Religion zu zwingen."

Meine Eltern waren viel unterwegs. Und so wuchs ich in Istanbul bei der kinderlosen Schwester meiner Mutter auf, meiner griechisch-orthodoxen Tante. Tante Evdoksia buk wunderbare Köstlichkeiten und sorgte liebevoll für mich. Am Abend wusch sie mich, leerte die letzte Wasserschüssel über meinem Kopf und sagte: „Jesus siegt, das Böse flieht." Auf einem niedrigen Eckschränkchen im Schlafzimmer standen drei Heiligenbilder und das ewige Lämpchen. Wie meine Tante das ewige Licht am Brennen hielt, wusste ich nicht. Ich sah nur, wie sie ihr Kreuz vor den Ikonen schlug, wie sie betete und die Panagia küsste, bevor sie mich zu Bett brachte. Sie zog mir das Nachthemd an, gab mir einen Gutenachtkuss und strich mir mit dem Daumen das Kreuzzeichen auf die Stirn.

Im Sommer, so oft es die Zeit erlaubte, fuhr die ganze Familie meiner Tante mit dem Schiff zur Insel Büyükada, um das uralte griechisch-orthodoxe Kloster Agios Georgios zu besuchen. Wir mieteten uns eine der buntbemalten Pferdedroschken. Es ging recht langsam voran, sodass wir die Sonne und das Panorama genießen konnten. Sobald die Straße in einen holprigen Pfad einmündete, vertrauten wir uns den Eseln an, die uns bergauf brachten. In der Kapelle neben den Ikonen lagen Papiergeld, Münzen und silberne Figuren. Es störte keinen, dass die Geldscheine längst vergilbt waren. Für meine Tante waren sie, was sie immer waren: Opfergaben. Es war für sie eine Selbstverständlichkeit, dass man betend davorstand und sie bewunderte. Sie selbst bekreuzigte sich, verneigte sich bis zur Erde, richtete sich wieder auf. Sie blickte mit ihren dunklen, leuchtenden Augen auf die Ikonen, küsste sie und sagte zu mir: „Sieh nur, wie schön die Figuren sind. Das hier ist der Heilige Nikolaus. Christus reicht Nikolaus das Evangelium, damit er uns beschützt. Oh Nikolaus! Oh Schutzpatron! Sorge bitte für Gesundheit und sorge auch für etwas Geld. Du weißt, wie dringend wir es brauchen. Und du, mein geliebtes Kind, gib ihm ein Dankküsschen, und sei dankbar für alle kleinen Dinge im Leben! Und hier ist die Gottesmutter Panagia. Siehst du, wie die Heilige Mutter Maria ihre beiden Hände um den Kopf des Kindes legt? Liebe du auch von ganzem Herzen und von ganzer Seele. Komm, mach ein Kreuz!"

Wir gingen nach Balikli, einem Bezirk am Goldenen Horn, um das heilige Wasser „Ayiyazma" zu trinken. Meine Tante erklärte mir die Heilkraft dieses Wassers: „Als der Mönch vom Fall Konstantinopels hörte, sprangen seine halbgebratenen Fische von der Pfanne ins Quellwasser zurück. Von diesem Tag an wurde sie zur heiligen Quelle erklärt. Die Sonne strahlt auf, die Sonne taucht unter. Ein Geschlecht geht, ein Geschlecht kommt, aber die Fische, die herumgeirrt waren, weil ihre Heimat verloren ging, leben noch in diesem Gewässer. Trinke einen Schluck Ayiyazma und schöpfe Kraft daraus, damit du stark und mutig wirst. Und wenn die ganze Welt gegen dich wäre und dir sagte, dass du Unrecht hast, sei imstande, deinen Weg zu gehen, ohne dich beirren zu lassen oder das Gleichgewicht zu verlieren. Und wenn du fällst, steh einfach wieder auf, komm zur Quelle und versuche es noch einmal."

Eines Nachts – ich muss damals vier oder fünf Jahre alt gewesen sein – hörte ich Trommelschläge. Ich wusste nicht, was los war, stand auf und legte mich ins Bett meiner Tante. „Was ist das, Tante Evdoksia?", fragte ich sie. „Das sind junge Männer, die nachts durch die Straßen gehen und so lange trommeln, bis in den Häusern das Licht angeht. Bis kurz vor Sonnenaufgang, wenn der Hodscha zum Morgengebet ruft, dürfen unsere Nachbarn speisen. Während des ganzen Tages, bis der Hodscha zum Abendgebet ruft, wird gefastet. Im Ramadan ist am Tage essen und trinken für die Moslems verboten. Wer durch die Trommeln nicht wach wird, muss den ganzen nächsten Tag mit leerem Magen herumlaufen."

Abends standen die Frauen und die Kinder auf der Straße und warteten sehnsüchtig auf den Ruf des Hodschas, der nach Sonnenuntergang das Ende des Fastens verkündete. Zum Abschluss des Ramadan fand Scheker Bayrami, das Zuckerfest, statt. Wir gingen mit meiner Tante die Treppe hinunter zum unteren Stock, wo Bedia Hanim mit ihrer Familie wohnte.

Meine Tante wünschte viele Festtage und ein langes Leben. Wie alle anderen Kinder küsste auch ich den Älteren als Zeichen meiner Achtung die Hände. Und wie alle Kinder bekam ich als Geschenk ein fein gesticktes Taschentuch. Serpil und ich wurden im Herbst gemeinsam eingeschult. Wir sollten in dieselbe Schule gehen, aufeinander aufpassen und einander beschützen. Tante Evdoksia war sehr froh darüber. Von nun ab schickte sie ihnen jedes Jahr rote Eier zu Ostern, Nüsse und Rosinengebäck zu Weihnachten. Eines Tages brachten Serpil und Ali einen geschmückten Hammel mit roten Äpfeln an den Hörnern. Um den Kopf trug er einen Blumenkranz. Er war mit einem hennaroten Zeichen versehen. Serpil sagte mir: „Wenn Allah es will, soll der Hammel zum Opferfest Kurban Bayrami geschlachtet werden." Ich fragte Tante Evdoksia: „Muss das denn unbedingt sein?" Immer bat ich sie, mir die Welt zu erklären, und sie tat es auch diesmal:

„Bis in die Zeit des Alten Testaments reicht dieser moslemische Brauch zurück. Der Islam kennt sowohl das Alte als auch das Neue Testament. Die Muslime verehren auch die Propheten Noah, Abraham und Christus als Gesandte Allahs. Den Kurban Bayran feiern sie zum Gedenken an das Opfer Abrahams. Gott stellt Abraham auf die Probe. Und Ibrahim, so nennen ihn die Moslems, war bereit, seinen Sohn Isaak zu opfern. Da gebot Gott ihm Einhalt. Gott gewährte Ibrahim und Isaak Gnade. Jeder Mensch ist wertvoll. Gott sieht jeden und alles, jeden Übergriff gegen einen Menschen. ‚Du sollst nicht töten', sagte er und sandte einen Schutzengel. Juden, Christen und Moslems, alle glauben an denselben Gott. Wir danken dem Himmel auf unsere Art, sie danken auf ihre Art."

Tante Evdoksia kleidete mich festlich und schickte mich in den Garten. Wie alle Kinder war ich sehr aufgeregt und schrecklich neugierig auf die Opferzeremonie. Das arme Tier lag bereits am Boden. Die Augen verbunden und die Füße gefesselt. Wir warteten eine Weile auf den Hodscha und sahen zu, wie die Jungen eine Grube vorbereiteten. Endlich kam der Hodscha; er betete mit dem Messer in der Hand und fragte dreimal Bedia Hanim, ob er das Schaf im Namen der Familie schlachten solle. Sie antwortete würdevoll „Ja". Der Hodscha schnitt dem Schaf mit einem Ruck die Kehle durch. Wir sahen zu, wie das Blut herausfloss und wie ein Helfer dem Schaf das Fell abzog und das Tier zerteilte. An die Armen wurde die Hälfte verteilt, auch ich bekam eine

Schüssel mit Nieren und Koteletts, die ich meiner Tante bringen sollte.

Bis zum Abschluss der Grundschule waren die Mauern meines geistigen Hauses hochgezogen, und man hatte schon mit seiner griechisch-orthodoxen Ausstattung begonnen. Ikonen, Schutzengel und gute Geister, die in einem Kerzenmeer schwammen, bevölkerten das Haus, das noch im Ausbau stand. Dämonen und Ungeheuer, Gespenster und Polizisten hatten gottlob keinen Zutritt.

Mit elf Jahren wurde ich von meinen Eltern nach orientalisch-jüdischer Tradition zur französischen Klosterschule Notre-Dame de Sion in Istanbul geschickt. Diese zahlreichen internationalen Schulen in der Türkei hatten den Ruf, kosmopolitisch zu sein. Ein Drittel meiner Klasse waren jüdische Schülerinnen. Die Nonnen nannten uns die „Israeliten". Über das Judentum hatte ich bis dahin fast nichts gehört. Vater blieb samstags zu Hause. Mit der Begründung, es sei Sabbat. Aber was bedeutete Sabbat? Hieß Sabbatfeiern Jude sein? Und was hieß es Jude zu sein, außer, dass man am Samstag nicht arbeiten durfte?

Vater lebte abgeschnitten von der jüdischen Kultur. Aber er sah seine Verantwortung in der Gemeinde. Er unterstützte sie diskret und vergaß nie, regelmäßig seine Spenden zu schicken. Er las viel über Israel, war stolz auf die Kibbuzim und erzählte gerne jüdische Witze. In die Synagoge ging er nur selten, und wenn, dann nur zu Begräbnissen. Als es sich um die Hochzeit seiner Kusine handelte, ging ich auch einmal mit. Den Rabbiner verstand ich nicht, er sprach hebräisch, aber das tat nichts zur Sache. Wenn ich mit meiner Tante Evdoksia in die griechisch-orthodoxe Kirche ging, verstand ich den Priester, der altgriechisch sprach, ja auch nicht. Ich sah mir einfach das jungvermählte Paar unter dem Baldachin an und freute mich.

Der Religionsunterricht der Istanbuler Klosterschule wurde in drei Gruppen eingeteilt. Der Katechismus für die Christinnen. Das Alte Testament für die Israelitinnen. Der Koran für die Mohammedanerinnen. Wir türkischen Staatsbürgerinnen mosaischen Glaubens sangen die Psalmen des Alten Testaments seltsamerweise auf Französisch und nicht auf Hebräisch.

Mein geistiges Haus bevölkerte sich diesmal mit den Geschichten des Propheten Elias, mit Moses' Auszug aus Ägypten, mit den Gesetzestafeln auf dem Berg Sinai, mit der Zeit in der Wüste und mit dem Gelobten Land, wo Milch und Honig floss. Diese Bilder wurden dann in der Stunde des Gewissens mit Rechenschaftsberichten über das Ich untermalt. Es ging um Fleiß, Gerechtigkeit, Maßhalten und Hingabe. Eine Selbstkritik, wie uns gelehrt worden war: „Schau tief in dich selbst hinein und lass nicht zu, dich deinen Fehlern gegenüber blind zu machen. Und frag dich jeden Abend, bevor du einschläfst: Was habe ich heute gemacht? Nimm dir Zeit, deine Beweggründe zu erforschen!" Das Schönste war das Morgenlied. Nach dem energischen Gutenmorgengruß sangen wir über den Kern und Sinn des Lebens, über den gemeinsamen Weg, über die Lebensfreude. Nach der Gewissenserforschung gab es täglich einen kleinen Vortrag über Themen wie Versuchung und Ausharren, Leid und Trost, Liebe zur Natur, Liebe zum Lesen, Nächstenliebe... Manchmal kam sogar eine Diskussion zustande und es war erwünscht, Fragen zu stellen, pro oder contra Stellung zu nehmen.

Während der sieben folgenden Jahre, die ich in der Klosterschule verbrachte, bekam mein geistiges Haus eine neue Dimension. Es entstanden Säulen der Kultur, Pfeiler der Gesellschaft und Pforten des sozialen Lebens. Ich sammelte Geld für den Roten Halbmond, das türkische Rote Kreuz. Begleitete die Schwester zu einer Krankenanstalt, kümmerte mich um Alte und Arme und träumte von Albert Schweitzer. Wie er, wollte ich später nach Afrika. Dennoch war ich in einer sehr schwierigen Phase der Pubertät. Das Elternhaus mied ich und im klösterlichen Internat suchte ich meinen Frieden. Eine der Nonnen, mit der ich im „Paradies", so hieß der oberste Stock des Klosters, Klavier spielte, wollte mich in den Schoß der Kirche ziehen.

Sie fragte mich, ob ich regelmäßig betete und als ich verneinte, bekam sie Angst, ich könnte krumme Wege gehen. Vor dem Klavierunterricht begann sie, ein Gebet für mich zu sprechen. Auf diese Weise hoffte sie, mich nach und nach auf den rechten Weg zu führen. Zwei von meinen jüdischen Kusinen waren zuvor zum Christentum übergetreten und wanderten nun von einer Pilgerstadt zur anderen in Nonnentracht. Eine kam in unsere Schule, und bald spitzten meine Mitschülerinnen ihre Ohren. Sie flüsterten, dass mein Vater zwar Jude, die Mutter aber Christin sei, ich sei nicht getauft, setzte mich jedoch für soziale Aufgaben ein, und würde am Ende noch katholisch.

Während die Nonnen tauben Ohren predigten, entdeckte ich das „Tagebuch der Anne Frank". Ihr Schicksal brachte mich zum Heulen, half mir aber gleichzeitig zurück ins Leben. Von da ab wohnte die gleichaltrige Anne Frank mit mir in meinem geistigen Haus. Sie lebte hier als Jüdin mit ihrer Sehnsucht nach dem Gelobten Land. Über Krieg und Faschismus las ich noch hinweg. Deutschland musste ein schlimmes Land sein, aber Gott sei Dank war es weit weg.

Durch Zufall stieß ich, als ich gerade 17 wurde, auf eine Jugendgruppe, die nach Israel fuhr, um das Land zu durchwandern. Ich musste mit! Wir besuchten Nazareth, Beerscheba, die Stadt der Sieben Brunnen, die Stadt Abrahams, die Omar-Moschee in der Altstadt von Jerusalem. Dass Religion ein Komplex von Glauben, Moral und Ritus ist, dass die Tradition einen unschätzbaren Wert hat, dass man sie von einer Generation zur anderen zumindest aus ethischen

Gründen übertragen müsste, berührte mich. Und so begann ich, die Ausübung der alten malerischen Bräuche wie Shavuot und den Sinn dieser Feste zu erforschen. Da war Leben, Geschichte, Wille, geheimnisvoll und offenkundig zugleich.

Nach unserer Rückkehr nach Istanbul zog ich mich immer öfter in mein geistiges Haus zurück und beschäftigte mich mit solchen Fragen in der Hoffnung, einen Weg zu finden, der mich zu einem besseren Verständnis meiner Selbst führen könnte. Allmählich entwickelte sich auch ein starkes Gefühl der Zusammengehörigkeit mit dem jüdischen Volk. Gleichzeitig wurde mir aber auch klar, dass nach dem jüdischen Gesetz nur als Jude gilt, wer von einer jüdischen Mutter abstammt. Meine Mutter aber war Christin. Bevor ein Übertritt zum jüdischen Glauben für mich infrage kam, stellte ich die Frage: Existiert Gott wirklich? Darüber diskutierte ich mit meiner Kusine Malka, die an der Londoner Universität Friedensforschung betrieb und uns für einige Wochen in Istanbul besuchte. Sie war Jüdin und sie erzählte mir ihre Ansichten über Gott und die Welt und wie sie sich für das Verbot von Napalm-Waffen engagiert hatte. Sie schloss mit den Worten: „Wie kann man behaupten, es gäbe einen Gott, wenn man an die Absurdität unserer Existenz denkt. Glaubst du, dass ein gerechter Gott erlaubt hätte, dass Millionen von Menschen ungerechterweise in Treblinka und Hiroshima, in den Dörfern und Städten Biafras sterben mussten?

Die Religionen müssen sich mit ethischen Fragen auseinandersetzen. Sich für Frieden auf Erden einsetzen, wenn sie über den Frieden im Himmel predigen wollen. Alle Anstrengungen, um Hunger, Not und Elend zu beseitigen, werden fragwürdig, wenn es nicht gelingt, eine weltweite Abrüstung zu erreichen. ‚Du sollst nicht töten', so steht es geschrieben. Ich möchte niemandem mit meinem Wahlzettel die Macht geben, andere vernichten zu können. Versuch lieber, für gesellschaftliche Verhältnisse einzutreten, die das Leben möglich machen. Wenn wir die Zerstörung der Erde nicht aufhalten können, kommen wir nie auf einen grünen Zweig."

Inzwischen war der Sommer vorbei, und ich war nach Istanbul zurückgekehrt. Die Worte meiner Kusine Malka verfolgten mich in den Klausurstunden kurz vor dem Abitur. Die Prüfungsthemen kreisten um die Verteidigung der Humanität und der Menschenrechte. Aber es gab auch unter uns Diskussionen über die Zweideutigkeit der Religionen. Ich schrieb einen Brief an Malka und fragte sie: „Ist wirklich die Religion das Opium für das Volk?"

„Du fragst mich, ob Religion ein bloßes Betäubungsmittel ist. Eine schwerwiegende Frage. Die Geschichte lehrt uns, wie leicht man die Religion missbrauchen kann, um die Menschen zu blenden, zu lähmen, zu versklaven. Und gerade als Frau gerät man dauernd in Widerspruch mit der Religion. Alle Religionen sind mehr oder weniger frauenfeindlich.

Frauen müssen viel mehr gegen Intoleranz kämpfen. Wenn du es schaffst, in Deutschland zu studieren, dann wirst du über die Zusammenhänge zwischen Religion und Politik eine Menge lernen, wenn du mit deiner Bewerbung für ein Stipendium Glück hast."

Ich hatte Glück. Am 20. Januar 1976 kam ich nach Deutschland als Stipendiatin des Deutschen Akademischen Austauschdienstes. Ein Stellvertreter der Organisation holte mich vom Flughafen Tegel ab und brachte mich in ein Heim, ausgerechnet in Berlin-Wannsee. Das Datum und der Ort waren ein Programm. Zum 34. Male jährte sich der 20. Januar 1942, an dem die nationalsozialistische Judenvernichtung in Berlin-Wannsee als „Endlösung der Judenfrage" behandelt worden war. Hier wurde ich mir meiner jüdischen Herkunft bewusst. Wenn ich auch nach dem jüdischen Gesetz durch die christliche Mutter „Nicht-Jüdin" war, wäre ich nach den Nürnberger Gesetzen als „Halbjüdin" im KZ gelandet.

Anne Frank bekam in meinem geistigen Haus einen anderen Platz. Ich sah die Gräueltaten mit ihren Augen. Sah den Zug, in dem sie abtransportiert wurde. Sah sie, ihre Schwester und ihre Freundinnen in erbärmlichstem Zustand.

Allerdings hatte ich bereits vorher eine unangenehme Feststellung machen müssen. Die damals gängigen deutschen Religionsbücher für Schulkinder entpuppten sich für mich als antisemitische Machwerke. Ich traute kaum meinen Augen, als ich die

Behauptung las, dass die Juden den Tod Jesu gewollt und verursacht hätten. Da lagen die Wurzeln des Antijudaismus. Dass man ein Volk für das verantwortlich machte, was seine Vorfahren angeblich vor 2000 Jahren getan haben sollten, das erschütterte mich zutiefst. Solange ich im Internat der französischen Klosterschule in Istanbul lebte, war mir niemals zu Ohren gekommen, dass die Juden irgendeine Schuld an der Kreuzigung Jesu gehabt hätten. Ich schrieb deshalb meiner Kusine Malka und fragte sie, ob es möglich sei, dass ich eine solche Anschuldigung damals überhört hätte?

„Du hast es nicht überhört, meine Liebe. Es ist wahr, dass viele französische Klosterschulen frei von antijüdischen Vorurteilen sind. Dort heißt es, zur Hinrichtung Jesu kam es durch die Römer. Das offizielle Bekenntnis in vielen christlichen Kirchen, das Sonntag für Sonntag gesprochen wird, lautet ja auch ‚gelitten unter Pontius Pilatus, gekreuzigt, gestorben und begraben', und zwar ohne, dass von einer besonderen Schuld der Juden die Rede ist. Du musst der Sache mit den deutschen Religionsbüchern einmal nachgehen und fragen: Warum werden in den deutschen Religionsbüchern die Juden immer noch mit dem Tod Jesu in Verbindung gebracht? Und warum gerade Schulkinder mit solchen Behauptungen geimpft werden, wo doch wissenschaftliche Untersuchungen die biblischen Texte infrage stellen. Das ist ein wesentliches Thema. Es eignet sich gut für eine

Forschungsarbeit. Nimm Dir Zeit dafür. Schreib eine Arbeit über den Antisemitismus. ‚Was hast du getan, Kain?', diesen Titel finde ich zum Beispiel gut. Du brauchst nicht Himmel und Erde als Zeugen anzurufen. Mach deine Arbeit ruhig weiter und lass Friede in dich kehren. Schalom!"

Mach weiter, das sagt sich so einfach, aber ich fand nirgends einen Rückhalt. In meinem verzweifelten Suchen nach einer Antwort auf diese Fragen hatte ich nicht wahrgenommen, dass ich allein stand. Dass ich noch stärker als zuvor zu einer Außenseiterin wurde. Zu einem Fremdkörper in einem fremden Land. Niemand interessierte sich wirklich für meine Arbeit. Kein Pfarrer, keine Religionslehrerin setzte sich dafür ein. Ich fragte sie, warum sie die Juden mit dem Tod Jesu in Verbindung brachten. Ich fragte weiter, ob diese Behauptung nicht dazu benutzt wurde, die Diskriminierung und Verfolgung der Juden zu allen Zeiten zu legitimieren? Meine Fragen wurden entweder überhört oder blieben unbeantwortet. Ich wurde allen, die ich fragte, ein Dorn im Auge.

Wozu lebte ich, wenn ich nicht die Kraft hatte, etwas bewirken zu können? Ob ich lebte oder nicht lebte, was machte das schon aus? Ein Mensch mehr, ein Mensch weniger ... Ich hatte mir eine Aufgabe ausgedacht und musste mich letztlich fragen: Wenn 2000 Jahre Arbeit am Abbau der Vorurteile gegenüber den Juden sich als eine Illusion entlarvten, hatte es dann noch einen Sinn, weiterzumachen?

Dabei ist mir klar geworden, dass es keine Frage gibt, die mehr Angst macht als die Sinnfrage. Offenbar erschreckt sie jeden von uns immer wieder einmal. Jetzt war ich an der Reihe. Sollte ich weiter an der Veränderung der antijudaistischen Weltanschauung arbeiten, die auch in der Zukunft entsetzliche Folgen haben kann oder lieber die Finger davon lassen? Ich stand vor einer Gewissensentscheidung, als mir die Stimme meiner Tante dazu einfiel.

„Wenn die ganze Welt gegen dich wäre und dir sagte, dass du Unrecht hast, sei imstande deinen Weg zu gehen, ohne dich beirren zu lassen. Und wenn du fällst, steh einfach wieder auf, komm zur Quelle und versuche es noch einmal! Es gibt immer eine Hoffnung im Leben, auch wenn sie anfangs nur ein kleiner Funke ist."

Wenn man aus einer doppelten christlich-jüdischen Wurzel stammt, dann fühlt man sich prädestiniert, das Verhältnis zwischen Juden und Christen klären zu helfen, sei es auch um den Preis, dass man hinfällt. Wenn sich aus dieser Anregung jedoch keine sinnvolle Arbeit zu ergeben scheint, was kann dann der Sinn für einen Menschen wie mich sein?

Meine alte Tante hatte mir zum Glück die unabänderlichen religiösen Elemente in salbungsvolle Sprüche gekleidet und mir auf meinen Lebensweg mitgegeben. Sie sind immer wieder Wegweiser gewesen, einfach da, um meine Verzweiflung zu bekämpfen.

An seine „Matratzengruft" gefesselt, wusste der Dichter Heinrich Heine, was Verzweiflung heißt. „Es ist mehr Verwandtschaft zwischen Opium und Religion, als die meisten Menschen sich träumen lassen", schrieb er. Wenn Heine seine Schmerzen nicht ertragen konnte, dann nahm er Morphium und andere Betäubungsmittel. Nicht umsonst sagt man, dass man um Hilfe fleht, wenn man zusammenbricht.

Mit zunehmendem Alter merke ich, dass alle Religionen, Traditionen, Gebote und Gesetze etwas Gemeinsames haben. Sie alle sind Versuche, die Schwierigkeiten und die Schmerzen des Lebens zu verkraften. In der Tat, es ist nicht einfach, einer Welt ausgesetzt zu sein, die stets neue Probleme aufwirft. Herauszufinden, welchen Sinn ich in meinem Leben finde und welchen Sinn ich dem eigenen Leben gebe. Nur Geld zu verdienen kann z.B. nicht die Hauptattraktion des Lebens sein. Ich arbeite nicht für den Tanz um das Goldene Kalb. Und ich möchte nicht, dass Geld und Macht zu unserer Religion werden. Ich gehöre rein formal zu keiner Religion, bewahre aber trotzdem auf meine Art und Weise einen Glauben.

Meine Mutter hat ihr Wort gehalten. Sie war als Griechin geboren und starb als Griechin. Zur Kirche ging sie nicht. Über Gott sprach sie nicht. In den letzten Jahren ihres Lebens trug sie allerdings eine Kette mit einem Kreuz, einen Davidstern und einen Bismillahirrahmanirrahim. Drei Zeichen, die für Christentum, Judentum und Islam stehen.

Heute liegen diese religiösen Symbole auf einem chinesischen Teller in meinem Schlafzimmer. Und ich unternehme gern Pilgerfahrten, um Heiligtümer, Kapellen, Moscheen, Synagogen und fernöstliche Tempel zu besuchen. Wohnorte der Geister und Götter. Ganz bestimmt glauben viele Menschen nicht an Seelenwanderung und Wiedergeburt, wünschen sich aber, dass es sie gäbe. Das Herz hat Beweggründe, die in der Vernunft allein nicht begründet sind. Vielleicht ist das große Kennzeichen der Religionen das „Prinzip Hoffnung". Wenn wir ganz unten sind, bleibt uns die Hoffnung, dass eine Auferstehung in einem heilen Körper und einer heilen Seele folgen wird, dass eine Phase zu Ende gegangen ist, fertig ist, abgelegt. Und dass wir bei Gott ganz von vorn beginnen können.

„Wozu Kinder in eine Religion zwingen? Sie sollen selber entscheiden, wenn sie alt genug sind, ob sie Christen oder Juden sein wollen", sagten meine Mutter und mein Vater gemeinsam. Viele denken, ich gehöre weder zu einer Religion noch zu einer anderen. Dass ich nirgends hingehöre, wird gleichgestellt mit dem Bild, dass ich nirgends einen Tempel habe.

Doch so ist es nicht. Wer aus doppelten oder dreifachen Wurzeln wächst, bekommt die Überlieferungen sowohl der einen als auch der anderen Religion und kann sein geistiges Haus so schnitzen, wie es aus eigenem Entschluss notwendig ist.

Erstdruck in: „Leben – einzeln und frei wie ein Baum und geschwisterlich wie ein Wald ist unsere Sehnsucht." Türkei, Deutschland, Europa. Impulse für die Gegenwartsliteratur: Das Eigene und das Fremde. Tagung der Evangelischen Akademie Iserlohn vom 12.-14. Januar 1996. Iserlohn: Evangelische Akademie, 1996; Serie: Tagungsprotokoll / Evangelische Akademie Iserlohn 96,6, S. 77-90.

Der Nachdruck erfolgt mit freundlicher Genehmigung der Evangelischen Akademie.

PORTRÄTS

„Es gibt eine Disposition für die Fremde."

„Heimat ist eine Art des Erlebens, eine Farbe."

„Wer erwachsen und weise werden will, muss sein Brot eine Zeit lang in der Fremde gegessen haben."

Das Fremdsein in der Welt.
Ein Portrait der Philosophin Mimika Cranaki

Das Mikrofon in meiner Hand ist an lebhaften und stillen Orten eingeschaltet, wandert mit, mal nach Köln, mal nach Paris, mal auf eine griechische Insel. Immer wieder sitze ich der Philosophin und Schriftstellerin Mimika Cranaki gegenüber. Sie lebt in mehreren Sprachen, lacht, singt und scherzt, schaut ernst, spricht mal auf Deutsch, mal auf Französisch, mal auf Griechisch, wechselt von der einen Sprache in die andere, ohne sich dessen bewusst zu werden. Die Fähigkeit, auf mehreren Klaviaturen zu spielen, je nachdem wie einem zumute ist, sich überall zuhause und doch nicht zuhause zu fühlen, hat ihren Preis. Sie bedeutet Weltbürgertum, stellt aber zugleich neue Herausforderungen dar. Mimika Cranaki wurde ein halbes Jahrhundert lang mit den Lebensumständen „in der Fremde" konfrontiert und hat sich Tag für Tag mit den Problemen des „Fremdseins" auseinandergesetzt.

„Die Ferne ist eine von den schlimmsten Krankheiten. Die Distanz hat die Kälte des Todes. Um diese Distanz zu zeigen, wählte ich die Form der Briefe. Warum 24? Weil die Odyssee, der Roman des Heimkehrers, in 24 Gesängen, Rhapsodes, geschrieben ist."

Mit diesen Worten stellt Mimika Cranaki ihr Buch „Nationalität: Philhellene – Eine Odyssee in vierundzwanzig Briefen" in der Kölner Stadtbücherei vor. Sie sitzt auf dem Podium zwischen ihrer Verlegerin Niki Eideneier und ihrer Übersetzerin Birgit Hildebrand. Sie trägt ein dunkelblaues Kleid mit weißem Kragen. Ihre langen, weißen Haare sind zu einem Knoten geflochten. Ihr Auftreten ist selbstsicher, unbefangen und souverän.

Im Zentrum von „Nationalität: Philhellene" steht eine Gruppe griechischer Studenten, die seit 1941 gegen die deutsche Besatzung gekämpft hat, unter ihnen die Autorin selbst. Kaum ist Griechenland von den Deutschen befreit und der Zweite Weltkrieg beendet, beginnt der Bürgerkrieg zwischen den Royalisten und den Linken. Die Nationalgesinnten stecken ins Gefängnis, foltern, lynchen jeden, der politisch anderer Meinung ist. Frankreich, die Heimat der Menschenrechte, vergibt Stipendien, um den griechischen Widerstand zu würdigen und die griechische Intelligenz vor dem Exekutionskommando zu retten. Mit dem englischen Truppentransporter Mataroa fahren nun die Stipendiaten nach Tarent und von dort mit einem Güterzug, der weder Fenster noch Türen hat, über Italien und die Schweiz nach Paris. Für die einen bedeutet dies, für viele Jahre von der Heimat Abschied zu nehmen, für die anderen ist es ein Abschied für immer.

„Eins möchte ich Ihnen sagen: Es geht einfach nicht jeder Beliebige in die Fremde, ich meine, die Fremde, die tragen wir schon in uns, bevor wir weggehen, jeder auf seine Weise, deshalb akzeptieren wir ihre Verwaistheit nicht alle genau auf dieselbe Art. Weshalb gehen die einen weg, und die anderen bleiben in ihrem Land? Weshalb hat von denen, die gehen, der eine vergessen, der andere nicht? Über die Armut und die Politik hinaus gibt es eine Disposition für die Fremde wie für die Tuberkulose, die einen kriegen sie, die anderen nicht. Wir schleppen wer weiß was für Verwundungen hinter uns her, jeder die seinen und die verschiedensten Kümmernisse. Vorherbestimmungen, wenn es erlaubt ist; ‚Vaterland' nennen wir das Land des Vaters. Unsere Sprache jedoch hat man uns als die der ‚Mutter' verliehen und jeder von uns besitzt einen Vater und eine Mutter und hat eine einzigartige Beziehung zu ihnen, vermutlich schwierig, aber ausschließlich. Und vielleicht schlägt mir die Fremde so heftige Wunden, weil sie eine ursprüngliche Verwaistheit wiederbelebt, einen tieferen, dunkleren Abschied."

Die Geschichte der Emigration ist uralt. Schon in den biblischen Texten lesen wir über Verbannung, Isolierung von der religiösen Gemeinde, Ausgeschlossen-Sein vom heimatlichen Boden. In Dantes Literatur tauchen die ersten politischen Exilbilder auf: Der Flüchtling, weit entfernt von der Heimat seiner Vorfahren, irrt durch die Welt wie ein

Schreckgespenst. Zum Massenphänomen wurde das Exil vom 15. bis zum 18. Jahrhundert aus religiösen Gründen. Andersgläubige mussten auswandern oder ihre abweichende religiöse Überzeugung mit ihrem Leben bezahlen. Die größten Umsiedlungs- und Vertreibungswellen, die die Geschichte kennt, begannen im Januar 1933. Ausgelöst wurde die Massenflucht durch die nationalsozialistische Ideologie und Politik. Sie war die Folge jenes Rassenwahns, der die Unterwerfung, ja Vernichtung ganzer Ethnien postulierte und umsetzte.

Mimika Cranaki verwendet den Begriff „Philhellene" als Synonym für Menschen mit mehr als einer Heimat, für Bürger mit dem Stempel des „Fremden".

„Wer ist eigentlich heute kein Philhellene? Wer hätte nicht irgendwo ein eigenes verlorenes Hellas hinter sich gelassen? ... Wer trüge nicht etwas Unerreichbares und Altes in sich, noch lebendiger als das Herz? ... Welcher Musiker, welcher Dichter ist nicht Philhellene?"

Die „Odyssee", die sie uns vorstellt, ist ein Bericht von über den gesamten Erdball verstreuten „Menschen von Anderswo". Es sind Griechen, es können auch Kurden, Armenier, Tibeter sein, kurz alle Ausgegrenzten, Gestrandeten und Gastarbeiter, die ein utopisches Land im Kopf haben und tagtäglich die Erfahrung des Fremdseins und des Nicht-dazu-Gehörens machen.

„Die westliche Welt glaubt, dass es nur eine Wahrheit gibt, die ihre. Es gibt nur eine Religion, die ihre, die Beste. Und die andere? Die andere gilt es zu vernichten. So ist die westliche Rationalität. Eine Rationalität der Souveränität. Eine Rationalität, die vom Todestrieb getragen wird. Auch die altgriechische Welt glaubte, dass es eine Wahrheit gibt. Die Wahrheit der Stärkeren. Die Altgriechen sagten schon: Was nicht griechisch ist, ist barbarisch. Und das Prinzip gilt heute immer noch. Und das glaube ich, ist falsch von Anfang an."

Die Erfahrung der Exilierten unterscheidet sich von der der Emigranten fundamental. Der Emigrant kommt meistens freiwillig und ist daher für das Neue offen. Der Exilierte lebt gezwungenermaßen in der Fremde. Seine Verfolger haben bereits seinen Lebensfaden abgeschnitten. Er ist vielleicht gefoltert worden, ist am Ende seiner Kräfte, fühlt sich verstümmelt. Er lebt unfreiwillig in der Verbannung, meistens in sich verschlossen. Dort in seiner Heimat ist er der Feind, während er im Ausland ein Nichts ist, nicht als Mensch existiert, nur als Hülle.

Um Mimika Cranakis Verbannung zu verstehen, will ich den Stationen ihres Lebensweges nachgehen. Sie lebte viele Jahre lang während des Bürgerkrieges und später während der Militärdiktatur im Exil. Erst seit Mitte der achtziger Jahre konnte sie wieder zurück nach Griechenland. Doch das war nicht einfach, da sie zwei Drittel ihres Lebens in Frankreich verbracht und auch dort Wurzeln geschlagen hatte. Heute macht sie das Beste daraus. Winters in Paris und sommers auf der Insel Kea, die nur zwei Stunden von Athen entfernt ist. Schon bei unserer allerersten Begegnung in der Kölner Stadtbücherei sagte sie mir: „Wenn du den Sommer über in Griechenland bist, komm mich besuchen. Ich habe ein Zimmer für Gäste. Du kannst ungestört deiner Arbeit nachgehen."

Also rufe ich sie aus Athen an. „Wenn du aus der Fähre kommst, wirst du direkt in meine Arme fliegen", versichert sie mir am Telefon. Sie will mir die Insel mit ihren malerischen Windmühlen und weißen Häusern zeigen und ich muss sie davon überzeugen, dass ich um ihretwillen gekommen bin und nicht der Sehenswürdigkeiten wegen.

Die Straße zu Mimikas Domizil führt die Küste von Kea entlang. Mehrere Würfel mit klaren geometrischen Linien, die ineinander verschachtelt sind, mit vielen Winkeln und Treppen, bilden das Haus. Im Wohnzimmer ist nur das Notwendigste. Große Diwane mit griechischen Kissen und Decken. Einziger Farbfleck: ein Bild von Felsen, Fischen und Korallen aus der Tiefe des Meeres, eine Hommage an Jules Verne, einer ihrer Lieblingsautoren.

Mimika ist ständig in Bewegung, schwimmt hinaus, lässt sich von den Wellen treiben, während ich am Strand sitze und versuche, mir ihr Leben vorzustellen. Nach der Siesta zeigt sie mir das obere Stockwerk. Von ihrem Arbeitstisch aus öffnet sich der Blick auf das blaue Meer und eine kleine Insel, auf der allein eine weiße Kapelle steht. Dieses einzigartige Bild hatte sie zu allererst fasziniert und war ausschlaggebend dafür, dass sie sich von einem befreundeten Architekten ihr Haus an dieser Stelle bauen ließ. Sie hat hier viele schöpferische Tage verbracht, ihre Texte überarbeitet und um klare Aussagen gerungen.

Die Sommernächte sind warm. Wir sitzen auf der Küchenterrasse vor den großen Fenstern, die auf das Meer hinausgehen, trinken Ouzo, essen Schafskäse, Tamrar und Wassermelonen und reden miteinander. Es gibt so viel zu erzählen: ja, eine ganze Lebensgeschichte. Als Mimikas Mutter starb, war sie sechs Jahre alt:

„Man brachte eine schweizerische Dame, Mlle Elise Dufaux, ins Haus. Sie sprach immer französisch, französisch mit diesem Akzent, wo das ‚L' wie ein Slawen-L klingt. Aber sie war sehr angenehm, liebte mich und ich habe durch sie die Sprache, die sie sprach, geliebt, weil sie Lieder, weil sie Gedichte, weil sie Spiele und andere Kindersachen mit mir spielte. Die deutsche Sprache ist die Sprache des Wissens, der Wissenschaft. Das hab ich später, viel später, als ich zwölf oder fünfzehn Jahre alt war, gelernt. Was sich damals das Deutsche Wissenschaftliche Institut nannte und das jetzige Goetheinstitut, dort habe ich ein Jahr verbracht. Aber ich glaube, was man liebt, das lernt man doch von selbst.

In Griechenland waren Studien für Frauen sehr, sehr selten. Ich war siebzehn Jahre alt, als ich die Prüfung für die Universität bestand und in die juristische Fakultät eintrat. Wir waren ungefähr 300 Studenten, von den 300 waren nur sechs oder sieben Frauen. Und wenn eine Frau in den Hörsaal eintrat, schrien alle jungen Männer, machten Lärm, er war eine Art von Boykott. Das war ein oder zwei Jahre vor dem Krieg, 1938 oder 1937.

Ich muss sagen: Für mich ist Feminismus nicht den Männern gleich zu werden. Ich glaube, die Männer haben genug Unrecht und Übel in dieser Welt getan. Und ich brauche nicht Männern zu gleichen und wie die Männer zu leben, zu arbeiten oder zu denken oder was sonst. Das wäre nichts echt Neues, das können wir schon. Das haben wir schon Jahrtausende gesehen. Und die Folgen: Kriege, Konzentrationslager, Leid, was wir täglich sehen."

Bei Sonnenschein wache ich auf, öffne das Fenster, eine liebliche Brise weht vom Meer heran. Zum Frühstück pflücke ich mir Weintrauben aus dem am Berghang angelegten Garten. Mimika kann schwer aufstehen. Der Rücken macht ihr Schwierigkeiten. Inzwischen lese ich weiter in den 24 Briefen ihrer Odyssee. Die Briefe aus der Zeit der Militärdiktatur berichten von Verhaftung, Verurteilung, Gefängnis, Hinrichtung griechischer Freunde und von dem Entsetzen darüber im Ausland. In Paris haben die Stipendiaten, zu denen auch Mimika Cranaki gehörte, Alpträume, sie wären nach Griechenland zurückgekehrt. Man hätte sie gefasst und gefoltert und sie fahren mit einem Schrei aus dem Schlaf hoch und wecken die Zimmernachbarn.

Trotz der vielen politischen und religiösen Gruppierungen spaltet sich die Welt in der Fremde hauptsächlich in zwei Teile, meint eine der Personen im Roman „Philhellene". Wir und sie, Einheimische und Ausländer und nicht mehr wie früher Bürger/Proletarier, Westen/Osten oder weiße/schwarze Rasse.

*„Früher versuchten die Menschen ihr Inneres zu heilen, indem sie ins Ausland fuhren, anderswohin. Ich möchte das Gegenteil, zurückkehren in mein In-*nenland, *geheilt vom Anderswo, von den Irrfahrten. Bis jetzt habe ich mein ganzes Leben außerhalb von mir verbracht. Ich kann Ihnen das Gefühl nicht in* Begriffen *benennen, den erotischen Salzgeschmack des Meeres, die salzbesprenkelten trockenen Algen im Winter, den Geruch des verbrannten Holzscheits, diese elementaren Dinge ... Ich bin am Meer geboren. Die Freiheit, die schmeckte, die roch ich, die bekam ich zu fassen, bevor ich ihren Namen lernte. Sie riecht nach Jod. Ach ja, dort, damals, da befand ich mich in der Gesellschaft meines wahren Ichs und die um mich ebenfalls. Ihre Identität trugen sie nicht in der hinteren Hosentasche, sie wussten wer und was sie waren und diese Sicherheit machte einen zu einem*

fest gegründeten Menschen unter anderen Menschen."

„Ein Leben ohne Selbsterforschung verdient gar nicht, gelebt zu werden", so sagte Sokrates. Ich versuche, mich in Mimikas Geschichte einzufühlen. Sie hat es geschafft, in einer fremden Sprache über das Leben in mehreren Sprachen und mehreren Ländern zu erzählen. Ich sehe und fühle es durch Mimika Cranakis Augen, die zu meinen werden, was Emigration und Exil bedeuten kann, eine Odyssee ohne die Heimkehr nach Ithaka. „Verloren der Ort, der dir gehörte, den du liebtest und der dich liebte." Ein Teil meiner Erfahrungen ist von der Diaspora bestimmt. Ich selbst bin Auswanderin und kann mich in ihrer Darstellung der Emigranten wiederfinden. Alle um mich herum sprechen deutsch, wie ich ja auch, jedoch lebe und fühle ich griechisch, jüdisch und türkisch. Ich bin nur eine von knapp sieben Millionen Ausländern in Deutschland, die alle in diesem Dilemma leben.

„Mein Schicksal in der Fremde ist brieflich besiegelt, die Post stempelt es ab, und mein ganzes Leben dreht sich um die Briefe. Ich brauche sie in der Fremde, ich habe hier einfach mehr Liebe nötig. Ich weiß nicht, welcher Utopist geschrieben hat, dass in der Stadt seiner Träume alle Münder sagen ‚Liebe mich.'"

Wieder in Deutschland vermisse ich die Gespräche mit Mimika Cranaki und bedauere, ihr so spät begegnet zu sein und so weit weg von ihr zu wohnen. Hätte ich sie früher gekannt, wäre es sicher eine lebenslange Freundschaft geworden. Vermutlich hätte eine frühere Begegnung den Verlauf meines Lebens beeinflusst, da ich für ihre Themen empfänglich war. Jetzt muss ich mich damit begnügen, ein paar Tage in Paris oder auf Kea mit ihr zusammen zu verbringen.

In Paris bewohnt Mimika Cranaki eine Altbauwohnung mit drei Zimmern, nicht weit von der Metrostation Alesia. Der großzügige Eingang mit Spiegeln, die hohen Räume, die großen Fensterläden zeugen von einem soliden Baustil. Im Wohnzimmer ist der Esstisch gedeckt, im Kamin brennen Holzscheite und die frischen Croissants sind schon geholt, bevor ich aufstehe. Im Arbeitszimmer und in der Diele sind alle Wände mit Büchern vollgestellt. Auf den Regalen Exemplare ihrer philosophischen und belletristischen Werke auf Griechisch, Französisch und Deutsch. Von 1967 bis 1985 lehrte Mimika Cranaki deutsche Philosophie an der Universität Paris-Nanterre. Ich bin neugierig, welche Autoren ihr einen Weg zeigten, ihre Weltanschauung geprägt haben.

„Meine Weltanschauung? Ich habe nicht viele Einflüsse von außen, von Philosophen oder von Büchern. Es sind Leute, Personen, Werke, die ich wirklich wie Religionssubjekte behandele. Aber kein wirklicher Einfluss, z.B. Proust, der Schriftsteller Proust.

Aber ich weiß nicht, wie ich persönlich von Proust beeinflusst wurde. Es gibt Komponisten, die ein wichtiger Teil meines Lebens sind, wie Schubert, wie alle Romantiker, Schumann, aber auch Wagner. Mozart selbstverständlich. Aber ich kann nicht sehen, was für ein Einfluss von ihnen ausging. Und so ist es auch bei den Philosophen. Ich bin sehr nahe bei den Philosophen der Frankfurter Schule. In Nanterre habe ich für Jahre Marcuse unterrichtet.

Im Jahr 1968 sprach jeder über Marcuse und niemand hatte ihn gelesen. Marcuse war in Frankreich unbekannt. Die Habilitation von Marcuse, die 1932 Martin Heidegger gewidmet war, haben wir in einem großen Verlag, Gallimard, auf Französisch übersetzt und veröffentlicht. Das Problem von Marcuse ist Folgendes: Wie kommt es, dass die Philosophen über 2000 Jahre so schöne Sachen über Gleichheit, über das Glück des Menschen, über Gerechtigkeit sagen, aber die wirkliche Lage der Menschen immer noch schlimmer wird? Wir sind alle der gleichen Meinung darüber. Marcuse gibt einige Antworten, die ich heute noch wertvoll finde, so wie die Gedankengänge von Adorno und den Vertretern der Frankfurter Schule. Vielleicht hängt das zusammen mit der persönlichen Lage: Alle diese Leute waren Emigranten, alle diese Leute waren Juden. Obwohl sie die richtigen, die echten Erben von den großen deutschen Philosophen waren, die Erben von Kant, von Fichte und von Hegel, waren sie genötigt zu emigrieren, innerhalb von Europa oder nach Amerika, wie Adorno und Marcuse. Da bestand eine gewisse Ähnlichkeit."

Mimika Cranaki spricht über wachsende Fremdenfeindlichkeit, über den Rassismus, über das Problem der Entwurzelung und erzählt von einer Erfahrung, die sie sehr aufwühlte, die ein Schlüsselerlebnis wurde:

„In dieser ganz neuen Universität von Nanterre, wo die Revolution von Mai 68 begann, war damals ein Student der Soziologie: Daniel Cohn-Bendit. Er war die Avantgarde der ganzen Bewegung. Ich weiß nicht, ob wir uns heute daran erinnern, dass er der Leader einer kleinen Partei war, die die ‚Bewegung vom 22. März' hieß, weil an diesem Tage seine Freunde die Verwaltungsgebäude der Universität besetzten. Nach und nach wurde ganz Frankreich besetzt, zwei Monate lang, Fabriken, Kindergärten, Theater und Universitäten. Auch das griechische Studentenheim in der Cité Universitaire wurde besetzt. Es traten viele Redner auf wie üblich in der damaligen Zeit. Zuletzt kam ein Farbiger; zuerst trug er die Parolen der Partei vor. Er beendete seine Rede mit einem Schrei: ‚Camarades, à partir d' aujourd'hui il n'y a plus des étrangers: Genossen, von heute ab gibt es keine Fremden mehr.' Und das hat mich sehr, sehr tief berührt. Das war eines der stärksten Erlebnisse dieser Zeit für mich."

Auf einmal herrscht Hochstimmung und Mimika setzt sich ans Klavier. Sie singt mir französische Chansons und griechische Lieder vor, und ich summe „Ça c'est Paris" mit. Nach der Teestunde frage ich sie nach ihren Wurzeln.

„Mein französisches Vaterland ist nicht das heutige Frankreich, wo Le Pen lebt und andere schlechte Menschen", sagt sie. *„Mein echtes französisches Vaterland ist die Literatur, ist Voltaire, ist Pascal, ist Proust und Jules Verne. Und mein echtes griechisches Vaterland ist das Meer, die Natur und sehr wenige Personen."*

Wenn wir dem Strom von Mimikas Geschichte folgen, auf welche Vision steuern wir am Ende der Odyssee zu? In ihrem Roman verfolgt sie die Zeitspanne von 1945 bis 1995, vom Bürgerkrieg über die Militärdiktatur und den Beitritt zur Europäischen Gemeinschaft bis zum Fall der Berliner Mauer. Das Spektrum des Buches umfasst, was Immigranten erleben und erleiden, exemplarische Phänomene der historischen Emigration und das Problem der Identität. Jeder der 24 Briefe hat nicht zufällig einen anderen Verfasser, jeder kann auf diese Weise über *seine* Wahrheit schreiben:

„Die Wahrheit kann verschieden sein, muss verschieden sein. Das ist ein Reichtum für alle Menschen, wenn wir mehrere Wahrheiten, mehrere Künste, mehrere Welten haben."

Mimika Cranaki folgt dem Strom der Geschichte, an der sie beteiligt war, formt ihn zu Literatur mit der Absicht etwas zu bewegen, um eine pluralistische Welt voranzutreiben:

„Ich möchte gern sagen: Emigranten aller Länder, vereinigen Sie sich. Das ist der richtige Slogan von heute. Rasch soll das schon geschehen. Am besten schon morgen." Und wie soll das aussehen, wenn Emigranten aller Länder sich vereinigen?

„Dass wir eine andere Gesellschaft bekommen, nicht die Gesellschaft von Hass, nicht die Gesellschaft von Geld, nicht die Gesellschaft von Gewalt wie heute, nicht die Gesellschaft von Stärkeren und Schwächeren, von Herren und Knechten, nicht die Gesellschaft von Einheimischen und Ausländern. Ich glaube das Wort l'étranger, die Fremde, ist eines von den barbarischsten Worten in allen Sprachen, barbarischer als Feind. Fremd hat etwas von der Kälte eines Leichnams, der Toten, der Indifferenz."

Am Ende der Gespräche über das Fremdsein in der Welt, über die Disposition für die Fremde fühle ich mich Mimika Cranaki noch stärker verbunden. Die Unterhaltungen mit ihr haben mich befruchtet und der innere Dialog mit ihren Romanfiguren hat mich bereichert. Persönlichkeiten, die mich befruchten und bereichern, gibt es wenige, ich vermisse sie und suche sie gerne auf, hier oder anderswo, nah oder in weiter Ferne.

Meiner Freundin Emine Sevgi Özdamar zum Jubiläum unserer 30 Jahre währenden Freundschaft

In der Istanbuler Schauspielschule hatte ich 1968 eine schöne Freundin, mit der ich auf der Bühne Revolution spielte. Im französischen Kalender ist der 14. Juli rot gedruckt. Rot, weil die Bastille-Erstürmung der Nationalfeiertag ist. Das Drama von Peter Weiss spielte nicht in der Bastille, sondern im Hospiz zu Charenton unter der Anleitung des Marquis de Sade. Meine Freundin verkörperte die Charlotte Corday, die leise und zögernd heranschlich, um Marat zu vernichten. Einen Dolch in der Hand sang sie revolutionäre Lieder und nahm durch die Sprache ihres Körpers und den Klang ihrer Stimme das Publikum für sich ein. Nach der Vorstellung holte ich meine rote Baskenmütze und wir machten uns auf den Weg zur Cinemathek, liefen über die potemkinschen Treppen auf die Petersburger Straßen, verschmolzen mit den Menschenmassen, dann marschierten Massen von Statisten über uns hinweg auf den Roten Platz.

Meine Freundin, das roteste Tuch von uns allen, liebte meine rote Baskenmütze und ich dachte, sie passe besser zu ihrem revolutionären Kopf und schenkte sie ihr. Sie schenkte mir einen schwarzen spanischen Hut und sagte mir: „Der soll dich auf den

Weg zu deinen spanisch-jüdischen Wurzeln führen." Der schwarze Hut zog mich nach Cordoba, das ich noch nicht gesehen hatte, zu den Flamencotänzerinnen, die ich bewunderte, aber auch zu den Schiffen mit Flüchtlingen, die sich vor Isabella von Kastilien und Ferdinand von Aragon fürchteten. Der spanische Hut und die Baskenmütze lauschten zusammen dem Vortrag von Heinar Kipphardt im Istanbuler Goethe-Institut. Der Dichter sagte: „Die Kunst muss die Herzen und Hirne bewegen." Damals kannten wir keine Furcht und der Flüchtlingsstrom hatte noch nicht begonnen. Hausdurchsuchungen gehörten nicht zur Tagesordnung. Die Lage in der Türkei war aber bereits prekär. Straßentheater und Straßenschlachten liefen parallel. Masse und Macht, das stand für uns beide nicht in einem Zusammenhang. Das Soldatengefängnis von Harbiye dagegen war die Bastille, ein ungewöhnliches Gefängnis. Leute, die dem ‚König von Cumhuriyet' missliebig waren, kamen hinein. Schriftsteller, Buchhändler, Kupferstecher und Buchbinder. Auch Frauen, die mit Büchern umgingen und mit Federn kämpften.

Die rote Baskenmütze und der spanische Hut gingen in diesem Tumult verloren. Wo sind sie geblieben? Wohl nicht im Baskenland. Nein, auch nicht in Nordirland. In Deutschland trafen wir wieder zusammen. Während das Gesicht der Welt sich veränderte, waren die Hüte auf dem Rückzug. Hüte mit Federn nach bayerischer Art waren nicht unsere Sache. Meine Freundin, die jetzt um die fünfzig war, hatte noch eine frische Haut und sah wie das Mädchen von damals aus. Wenn der Himmel sich blau verfärbte, dann gingen wir am Rhein spazieren. Waren wir sonntags in der Nähe eines Trödelmarktes, dann stöberten wir nach Hüten, in der Hoffnung den alten spanischen Hut und die Baskenmütze wiederzufinden. Keine Nostalgie trieb uns, eher eine Art von Rückbesinnung auf die Kindheit und Jugend. Sie suchte nach Laurel und Hardy und fand sie nicht, kaufte dann ein Karussell mit goldenen Vögeln und ließ sie über unseren Köpfen kreisen. Meine Freundin trug eine alte Ledertasche mit einer Feder darin.

Manchmal hakte ich mich unter ihren Arm und wir bekamen Flügel, wir machten Pirouetten in der Luft und flogen von der Oberkassler Brücke direkt zur Goldenen Brücke von Istanbul, während ich die Zauberformel sprach: „Meine Freundin ist eine Feder, eine Feder ist ein Flügel. Meine Freundin ist Feder und Flügel in der Fremde." In der Fremde sahen wir uns unseren Zuckerprofessor an, *Allah rahmet eylesin*, unsere armen Eltern, die wir terrorisiert hatten und die Männer unserer Vollmondnächte. Dann kehrten wir zurück zu den Raritäten von gestern, Schallplatten- und Bücherkartons und wir dachten im Stillen, dass die Bücher von heute mit diesem gebrochenen Deutsch aus der Feder fremder Frauen morgen als Raritäten gesucht werden, damit dieser gebrochene Akzent saftig über die Zunge geht. Auch ohne die

Baskenmütze bleibt meine Freundin Rebellin und Rarität.

Einige Kapitel ihres dritten Buches von 1998, „Die Brücke vom Goldenen Horn", spielen in unserer Istanbuler Schauspielschule und haben mit gemeinsamen Erinnerungen zu tun. Diese Kapitel sind eine Hommage an das politische Drama, das wir 1968/69 in Istanbul spielten, „Die Verfolgung und Ermordung Jean Paul Marats dargestellt durch die Schauspielgruppe des Hospizes zu Charenton unter Anleitung des Herrn de Sade" von Peter Weiss. In einem dreifachen Spiel im Spiel gelingt es Sevgi in der Rolle der Charlotte Corday die brutale Konfrontation zwischen Studenten und Polizei in der Türkei darzustellen. Allein schon diese Mischung von Realität und Alptraum macht das Buch zu einem außergewöhnlichen Werk. Sevgi sagte mir: „Icim kanayarak yazdim" und meinte damit, „ich verblutete von innen, als ich die Geschehnisse unserer Generation schrieb, die so früh verbluten musste." Sie schreibt darüber in einer magischen Sprache, die wir von ihren früheren Büchern her kennen.

Die Versäumnisse einer Hinterbliebenen.
Nachdenken über den Tod von Renate Neumann

Aus Trauer erdacht
Weggefegt durch Betriebsamkeit, die schwarzen Schleier vor den Augen. Der Tod ist unfaßlich. Blei sinkt schwer zu Boden. Aus dem off kommt die Stimme, die eine bessere Dramatisierung fordert. Unglaublich zerbrechlich diese kleine zierliche Frau, die bis auf die Knochen abgemagert ist. Weggetreten die Zuhörer. Schweigen als Waffe der Trauer greift nicht in die Räder der Betriebsamkeit.[1]

„Der Tod ist unfaßlich", schrieb Renate Neumann kurz bevor sie starb. Es muss in ihrem Leben entsetzliche Momente gegeben haben, die sie innerlich zertrümmerten, die bei ihr sogar eine Todesangst aufkommen ließen. Welche Momente? Diese sind uns ein Rätsel, so wie sie uns ein Rätsel war mit ihren entweder mehrdeutigen Aussagen oder ihrer Wortkargheit. Beim Lesen der kurz nach ihrem Tod veröffentlichten Prosaminiaturen kehren meine Gedanken zu ihr zurück. Vor allem ist mir das Bild unserer letzten Begegnung gegenwärtig.

Sie saß in einer dunklen Ecke ihres Stammcafés, in dem sie manche Nachmittage allein und doch nicht allein in der Gesellschaft Anderer verbrachte. Sie trank einen Tee, bestellte einen zweiten, drehte ihre Zigaretten und machte sich Notizen zu den Büchern, die sie schreiben wollte. Auf der Suche nach ihr war ich in ihrer Nische aufgetaucht. Ihre Augen glänzten. Während ich sie betrachtete, dämmerte in mir die Ahnung, wie ungewöhnlich aufgewühlt sie war. Sie sprach ihre alte Berliner Adresse aus, Straße und Hausnummer. Nach diesen ersten Worten brach sie das Gespräch schon wieder ab, versuchte ihre Tränen zu unterdrücken und bekam einen starren Blick.

„Ich kann dir nicht folgen", sagte ich. „Willst du nach Berlin zurück?" Sie antwortete nichts. „Was ist los mit Dir?", fragte ich. Aber es kam wieder keine Antwort. Wir schwiegen lange.

Heftiger Erinnerungsschwall wird wieder in die Schachtel gepackt. Ausweglos in die Gegenwart geworfen, der Vergangenheit entronnen, der Zeit entkommen. Erinnerungsgeschenk, verpackt, verschnürt, zugebunden, nicht herauslassen, drinnen stecken lassen, nur nicht öffnen, draußen nichts davon sehen lassen, bis ins Unterste verbergen. Stunden gemächlicher Innenreise, aber ohne Erinnerung, nur nichts aufkommen lassen, nicht hochkommen lassen, nur nicht auskotzen.[2]

Ich wusste, dass sie Germanistik, Soziologie und Philosophie an der Freien Universität in Berlin u.a. bei Jacob Taubes studiert hatte. Er war ein bekannter jüdischer Emigrant, der Vorlesungen über die nationalsozialistische Politik der Vernichtung hielt. Die

Ermordung von Millionen Menschen entsetzte Renate Neumann, sie wirkte wie ein Schock, der sie nicht mehr heimisch werden ließ auf dieser Welt, sie, die am 2. Februar 1954 geboren war. Heute nehme ich an, dass diese alten Wunden an bestimmten Tagen aufgingen und dass sie innerlich blutete. Ich hatte sie einige Male in diesem Zustand erlebt. Es kam häufig vor, dass die Vergangenheit wiederkehrte und sie in tausend Ängsten schwebte.

Die Angst, sagst du, brauchst du doch nicht. Es gibt ihn nicht, den Sozialismus, der ist eine Utopie. Die Stasi gibt es nicht mehr, und Hitler lebt nicht mehr, Stalin ist tot. Du brauchst keine Angst zu haben, Liebste, sagst du, und ich habe Angst. Vor gelben Blättern, und die Schönheit der Birken ängstigt mich, denn es war Birkenau, Dachau, Theresienstadt und Auschwitz.[3]

Liest man über diese geschichtlichen Zusammenhänge hinweg, bleibt man ratlos vor ihren seelischen Zuständen. So war sie mir auch unverständlich, solange ich sie nicht durch ihr Werk begreifen konnte. Auf meine wiederholte Frage nach ihrem Befinden sagte sie im Café: „Schwache Nerven". „Du meinst, du bist mit den Nerven runter?", sagte ich. „Schwache Nerven habe ich gesagt und nicht mit den Nerven runter." „Kommt es nicht auf das Gleiche hinaus?", fragte ich. „Nein, ich habe schwache Nerven, und dagegen kann man nichts machen."

Ich wusste nicht, wie ich sie von ihrer Verzweiflung befreien oder auch nur ablenken konnte und schlug ein bisschen frische Luft vor. Wir machten einen kleinen Spaziergang in der Altstadt von höchstens zehn Minuten und kamen ins Café zurück. Einen Augenblick lang hängte sie sich bei mir ein, drückte sich eng an mich. Dann löste sie sich, vergrub die Hände in den Taschen ihres schwarzen Regenmantels. Ging weiter wie eine Schlafwandlerin. Sprach ein paar zusammenhanglose Worte, atmete heftig. Mir war unheimlich zumute, es kam mir vor, als würde der Tod sie leise berühren.

Als sie dann später Matjesheringe mit Bratkartoffeln und Salat bestellte, nahm sie höchstens ein paar Bissen zu sich, obwohl sie vorher von großem Hunger gesprochen hatte. Zum Abendessen war ich bei einer Kollegin eingeladen, die im kleinen Kreis Geburtstag feiern wollte. Während Renate aß, erzählte ich ihr eine Geschichte über die Entstehung einer Perle. „Du bist eine Perle", sagte ich. „Die Perle kann nur entstehen, wenn eine Muschel krank ist. Aber von neunhundertneunundneunzig kranken Muscheln entwickelt nur eine einzige eine Perle. Und um welchen Preis?" „Was meinst du damit?" Aber ich sagte: „Wenn du zu mir in Rätseln redest, dann rede ich auch in Rätseln."

Inzwischen hatte ich mir überlegt, ob ich sie zu der Feier mitnehmen sollte, verzichtete aber darauf aus dem unguten Gefühl, es könnte unpassend sein.

Es war mir peinigend und peinlich, wie sie vor mir dasaß: stumm. Wenn sie hin und her lief: unruhig. Wenn ich ihren Blick auffing: erstarrt. Als sie mich beim Auf-die-Uhr-Gucken erwischte, schob sie mir eine Zeitung hin und sagte: „Geh nur! ... Gehen sollst du, habe ich gesagt!"

Ich wollte gerade aufstehen. Da merkte ich, wie ihre Hand zitterte, wie ihre Lippen zuckten. Auf einmal begann sie zu schluchzen. Ich blieb neben ihr, bis sie ein wenig entspannter und wenigstens nicht mehr so verkrampft schien wie vorher. Später habe ich mir gedacht, sie hätte es womöglich gern gehabt, wenn ich einfach mit einer Zeitung in der Hand neben ihr sitzen geblieben wäre. Nur um bei ihr zu sein. Das hätte sie beruhigt. Aber ich war in dem Augenblick zu sehr mit der Planung des Abends beschäftigt, um ihre nonverbale Sprache zu verstehen.

„Bleib mir treu!" Diese Worte rief sie mir beim Abschied hinterher. In diesem Moment hatte ich die dunkle Ahnung, dass sie auf eine Katastrophe zusteuerte. Zwei Tage später erfuhr ich von ihrem Tod.

Wir alle, die sie kannten und ein Stück Lebensweg mit ihr gegangen sind, blicken mit Trauer zurück. Wir, die sie kannten, bewahren Erinnerungen, die sie uns anvertraut hat. Aber reichen unsere Antworten aus, um sie zu verstehen? Jeder von uns wird sich seinen eigenen Reim auf ihr Leben machen.

„Ich heiße Usch Neumann. Ich bin die Schwester von Renate. Renates Leben war eine ständige

Herausforderung, Normen infrage zu stellen. Den beliebten Satz: ‚Es gehört sich nicht!' in den Papierkorb zu werfen, um endlich neue Antworten zu finden."

Usch, die am Sarg ihrer Schwester eine Rede hielt, schien mir wie eine Doppelgängerin Renates, nicht nur in ihren Gesichtszügen, sondern auch in ihrer Kleidung und Haltung. Ich begegnete ihr erst bei Renates Begräbnis. Hätte ich von einer schwesterlichen Beziehung gewusst, hätte ich sie im Notfall zu Hilfe gerufen. Aber der Großteil von Renates Leben lag für mich im Dunkeln.

Usch: „Renate hätte gewollt, dass uns dieses furchtbare Entsetzen, das uns den Hals zuschnürt, wachrüttelt gegen Menschenverachtung, Ausgrenzung und Fremdenhass. Renate hatte schreckliche Angst vor dieser Gewalt, die in solchen Haltungen lauert, und fühlte sie wie am eigenen Körper. Brennende Heime, politisch Verfolgte ließen sie keinen Schlaf mehr finden. Für sie waren die Terrorakte gegen Asylsuchende gleichzusetzen mit der Judenverfolgung."

Tieflader ins Moor, die Vergrabenen, Verschütteten, viele Menschen, die bleiben da unten, da folgt nichts draus, die Geschichte geht weiter und doch gibt es einen Nerv der Vergangenheit, der durchstrahlt, der durchleuchtet, der die Gegenwart beschämt. Es gibt eine Zeit bis in die Gegenwart, da kehrt die Erinnerung ständig wieder, die verfolgt die Jetztzeit und blickt auf Zukunft, und erstreckt sich weiter und läßt sich nicht verdrängen und läßt sich nicht vergessen, Stachel vergangener Zeit.[4]

Hier spricht sie deutlich aus, was sie verängstigt, was sie beschämt: die Vergangenheit, die unversehens in die Gegenwart zurückkehrt, wenn man sie vergisst. Und genau darüber hatten wir bei unserer ersten Begegnung gesprochen. Ich war zu einem literarischen Treffen eingeladen. Wir schreibenden Frauen saßen alle im selben Boot. Hatten keinen Kontakt zu anderen Schriftstellern, geschweige denn zu Verlegern. Renate war die Einzige in der Runde, die mit ihrer Lebenseinstellung Eindruck auf mich machte. Ihre dunklen Augen strahlten eine Intensität aus, der ich mich nicht entziehen konnte. Als sie von der Isolation der Schriftstellerinnen zu sprechen begann, wechselten ihre Gesichtszüge, mal sprach Charme, mal drückten sie Verzweiflung aus. Ihrem Gespräch konnte man entnehmen, dass sie politisch auf dem Laufenden war.

Es ereignete sich kurz nach dem Fall der Mauer. Mit einem Schlag hatte die Sogwirkung der Konsumgesellschaft sämtliche Argumente für sich vereinnahmt. Die Linke war praktisch verschwunden. Es galt geradezu als unanständig, sich dagegen aufzulehnen. Renate spürte bereits das Klima der Intoleranz und das bedrohlich stolz geschwellte Nationalbewusstsein. Auf mich wirkte sie wie eine politisch engagierte Studentin, die in einem Hochsicherheitsgefängnis interniert und mit Elektroschockgeräten gefoltert worden war. Sie sah einem direkt in die Augen und ließ den Blick nicht los. Ich kannte kaum jemanden, der den Blickkontakt so lange aufrechterhielt.

Wir hatten uns sofort gefunden, ich war an ihrer Auseinandersetzung mit Deutschland interessiert und sie begierig, mehr über mein Empfinden als Fremde hierzulande zu erfahren. Wir gingen am Ende des Treffens ein Stück des Weges zusammen.

Erst nach ihrem Tod, als ich am Schreibtisch saß und über sie nachdachte, wurde mir klar, wie wenig ich über Renate wusste. Wer war eigentlich Renate Neumann? Germanistin, Dozentin und Schriftstellerin. Abgesehen von einigen Leseproben, die sie mir gezeigt hatte, wusste ich rein gar nichts über sie. Da fiel mir sehr deutlich auf, wie viel ich versäumt hatte. Wir telefonierten ein bis zwei Mal in der Woche. Das heißt, sie rief regelmäßiger als ich an, verhielt sich aber wortkarg. Ich musste beinahe die ganze Zeit das Gespräch allein am Laufen halten. Das war mühsam. Zu einem Dialog war sie oft nicht bereit. Ihre Einsilbigkeit nahm ich nicht persönlich, denn das war ihr Wesen und hatte mit mangelnder Zuneigung zu mir nichts zu tun.

Auch wenn wir zusammenkamen, hing sie ihren Gedanken nach, als ob ich oder andere gar nicht anwesend seien. Wer sie gekannt hat, weiß, wie beharrlich sie in ihrem Schweigen sein konnte. Manchmal schien es mir, als würde sie einen seltsamen Zwang verspüren, den Mund zu halten. Und manchmal, als trüge sie ein Geheimnis mit sich herum. Wie eine Sphinx, die das Schweigen für eine Ehrensache hält, für eine heimliche Herausforderung, um sich selbst treu zu bleiben.

Wissen verschweigen, Können verbergen, nicht zu sehen sein, sich nicht hören lassen, die Toten schweigen ohnehin, Ermordete schweigen noch stiller, laß die Erinnerung nicht durch die dünnen Ritzen dringen, Zeitgeist.[5]

Renate Neumann übte Kritik am Verlust geschichtlichen Denkens. Mit ihrem unverwechselbaren Ausdruck zeigt sie uns ihr Sich-nicht-Abfinden mit dem Verdrängen und Vergessen. Ihre Prosaminiaturen „Du weckst die Nacht", erschienen im Ahasvera Verlag, haben eine rhythmische Struktur, die an Ingeborg Bachmann erinnert. Es ist dieselbe eindringliche Intensität, die gespannte Bewegung, die Aufforderung, die Warnung, die Mahnung. Ihre ganze Dichtung singt das Lied des Todes. „Der Tod in diesem Land hat eine Geschichte" und Renate trauerte im Namen des deutschen Volkes: „[…] die Trauertage sind die Klagemauern der Völker, doch welche sind wir, was sind wir denn, das Volk vielleicht oder ein Volk, das anderer Tod verschuldete."[6]

Ich besuche Usch in ihrer 2-Zimmer-Wohnung. Eins davon gehört Usch, das andere ihrer kleinen

Tochter. Die Pappkartons mit Renates Mappen liegen auf Usch's Schreibtisch. Renates Nachlass: Tagebücher, Skizzen, Beobachtungen, Geschichten, Entwürfe und Briefe. Alles muss durchgesehen und eingeordnet werden. Das Zimmer ist nicht sehr groß und die Bücherregale quellen über. Renates Bücher wurden nach ihrem Tod in das Haus ihrer Eltern transportiert, in ihr früheres Jugendzimmer. Usch hat nur Renates Schreibmaschine bekommen. Sie steht auf einem kleinen Tisch und hat schon jetzt einen musealen Charakter.

Usch erzählt mir, dass sie sehr erstaunt war, als sie auf Renates Schreibtisch die Bibel fand: „Ich habe meine Schwester von dieser Seite her nicht gekannt. Ich wusste gar nicht, dass sie die Bibel liest."

Ich fragte, ob Renate eine religiöse Krise durchgemacht habe. Ich erinnere mich, dass wir uns im letzten Jahr am Pessach-Fest Steven Spielbergs Film „Schindlers Liste" ansehen wollten. Die Geschichte eines Deutschen, der 1200 Juden gerettet hatte, während doch die überwältigende Mehrheit der Juden nicht gerettet wurde. Ein Film über Tod, Ausrottungsmaschinerie und Überlebende. Am Nachmittag rief mich Renate an und sagte, die Mutter habe sie gewarnt, aus der Kenntnis ihrer Zerbrechlichkeit, aus Sorge, sie solle diesen Film nicht ansehen, er sei für ihre schwachen Nerven nicht gut. Besser wäre, wenn ich sie besuchte, dann könnten wir zusammen Pessach feiern.

Renate hatte sich Mühe gegeben und kleine Köstlichkeiten vorbereitet. Sie schlug vor, je einen Absatz des Auszuges aus Ägypten aus dem Buch Exodus zu lesen. Ihre Bibelkenntnisse des Alten und Neuen Testaments haben mich an diesem Abend sehr beeindruckt.

„Usch, du weißt, dass ich gerade Aufzeichnungen über Renate mache, ich möchte dir daher einige Fragen über Renates Kindheit und Familienverhältnisse stellen. Es interessiert mich, wie du Renate als kleines Mädchen in Erinnerung hast."

Usch: „Sie zog sich zurück, liebte seit ihrer frühen Kindheit die Welt der Bücher, schrieb und las. Sie war die Älteste, dann wurde ich geboren und dann noch unser Bruder. Alle drei in einem Zeitraum von sechseinhalb Jahren."

„Wem hat sie nahe gestanden? Dem Vater oder der Mutter? Obwohl ich sie öfters mit dem Vater habe schäkern sehen, gab es vermutlich zwischen Vater und Tochter größere Konflikte." „Der Vater hat im Zweiten Weltkrieg in der Luftwaffe als Ausbilder für Piloten gedient." „Und die Mutter? War sie im BDM?" „Ja." „Wie ist Renate damit zurechtgekommen?" „Sie hat einen Artikel darüber geschrieben." „Welcher Art waren die Konflikte mit den Eltern?" „Sie stempelten sie als Linke ab. Die Eltern haben alles versucht, um sie davon abzuhalten, in Berlin zu studieren. Sie wollte dahin, aber man ließ sie nicht hinfahren. Es wurde ihr verboten, bis sie mit 21 volljährig wurde."

„Habt ihr in einer kleinen Diktatur gelebt?"
„Mein Vater ist in Eisenach geboren, in Maiwaldau. Sein eigener Vater war Offizier, ein Preuße in jeder Hinsicht. Mein Vater war der Jüngste unter den Geschwistern. Die Älteste ging jung verheiratet nach Ecuador, durfte aber nicht zurückkehren, als sich der Mann von ihr trennte, weil sie nicht standesgemäß geheiratet hatte. Renate hat sie drei Jahre vor ihrem Tod in Ecuador besucht. Ein Bruder meines Vaters wurde mit 14 ebenfalls nach Ecuador verbannt, weil er nach der Meinung seiner Eltern in der Schule nicht gut genug war. Und der Jüngste war mein Vater, Friedrich Wilhelm."

„Der Name ist schon ein Programm in der Tat. Entsprechend wählte euer Vater, wie ich hörte, das alte Sparta zum Leitstern, wie Friedrich Wilhelm von Preußen. Erwartete bestmögliche Leistung, sagte Faulheit und Verschwendung den Kampf an und verbreitete zuhause den Geist der Sparsamkeit. Ich las, dass Friedrich Wilhelm, der König von Preußen, seine Kinder dermaßen schikanierte, dass zumindest zwei von ihnen, der Kronprinz Friedrich und seine Schwester Wilhelmine, sich oft den Tod als Erlösung von der schweren Hand des Vaters herbeiwünschten."

„Ja, die Eltern waren streng, ihre ständige Redensart war: ‚Wie man sein muss'. Das wirkte wenig fördernd auf die Eigenschaften, die Renate mitbrachte." „Wie war sie in der Schule?" „Sie war in einem Mädchengymnasium. Dank der Initiative eines Deutsch- und Religionslehrers hat sie viel gelernt. Er besorgte die Bücher. In einem kleinen Zirkel lasen sie Marx, diskutierten über die DDR und die BRD. Sie entwickelte ihre Fähigkeiten und kritisierte unsere Eltern heftig. Sie versuchte sich freizustrampeln. Zuhause hätte ihr geistiges Leben nie gedeihen können."

Als Letztes hat sie mir „Bleib mir treu!" nachgerufen, als ahnte sie im Voraus, was später geschah. Ich sitze in meinem Arbeitszimmer und zerbreche mir den Kopf über diese Worte. Was wollte sie eigentlich sagen? Schweige!? Oder lege Zeugnis ab!? Wenn man mit Renate unterwegs war, dann sah man eine Frau, der nichts entging, eine Frau, in deren Kopf sich tausend Räder drehten. Aber damals kam ich nicht auf die Idee, genau zu fragen, was sie beschäftigte. Besser gesagt, ich wusste nicht, wie ich fragen sollte, um mehr über sie zu erfahren. Sie mochte nicht, dass man in sie dringt, geschweige denn, dass man ihr persönliche Fragen stellte. Wenn jemand dies tat, dann erwiderte sie: „Bist du von der Gestapo?" Damit war das Gespräch mit Renate schon beendet.

Wenn ich jetzt dennoch nachforsche und Fragen stelle, geschieht es, um sie besser zu verstehen. Ich habe ihr zu viele Impulse zu verdanken und kann sie nicht entgleiten lassen, als hätte ihre Existenz in meinem Leben keine Spuren hinterlassen. Fast verzweifelt frage ich mich, wie und warum ist es möglich, dass eine von uns um Hilfe schreit und wir die Not ganz in der Nähe spüren, deutlich und sichtbar, und wir keine Zeit haben.

Unsere Entschuldigungen sind vielleicht einleuchtend, aber ich denke, dass wir alle, die wir sie gekannt haben, mehr für sie hätten tun können. Es geht hier nicht um nachträgliche Schuldzuweisungen. Wir haben durchaus Gründe, sind zu sehr in unser Glück versunken oder zu sehr in unsere kleine Welt vertieft, mit alltäglichen Sorgen beschäftigt, um auf eine Stimme zu achten.

Jetzt denke ich immer wieder unwillkürlich an sie, sie taucht in meinen Erinnerungen, in meiner Liebe, meiner Sehnsucht, meiner Angst, meinen Alpträumen immer wieder auf. Sicher wäre mein inneres Leben anders, wenn ich Renate Neumann nicht gekannt hätte. Man möge über ihre Art des Sich-selbst-Zerstörens, die ich hier emotional protokolliert habe, kein oberflächliches Urteil fällen. Am Ende werde ich die Fülle und Tiefe ihres Lebens doch nicht ausgelotet haben.

Die Luftwaffenbomber und die Bodenkrieger lassen sich zusammenfassen als kriegsführende Parteien. Das verdunkelt den Tag, dennoch will ich leben, um den Krieg zu verhindern, große Einbildungen zu kreieren und mich auszuruhen, bis ich in mir zusammenlaufe, um wieder die Arme schwenken zu können. Außerdem will ich noch einmal bei Frühlingsluft auf dem Fahrrad zum 1. Mai fahren.[7]

Bilder von Waffengeschäften und Kriegen verdunkelten ihren Alltag. Renate Neumann war bereit zum Handeln. Sie wollte leben, um den Krieg zu verhindern. Sie wollte Widerstand leisten. Ausharren. Noch einmal bei Frühlingsluft Rad fahren, darin liegt die Ahnung ihres Todes. Sie starb am 23. April 1994 als Opfer eines unerklärlichen, symbolhaft anmutenden Mordes. Den 1. Mai hat sie nicht mehr erlebt, aber ihre Worte werden unsere Zeit überdauern.

(1) Renate Neumann: Du weckst die Nacht. Prosaminiaturen. Neuss: Ahasvera Verlag 1994, S. 86, Prosaminiatur „Aus Trauer erdacht".
(2) Ebd. S. 87 aus der Prosaminiatur „Gedanken, Gedenken".
(3) Ebd. S. 102f. aus der Prosaminiatur „Wäre die Klagemauer nicht mehr".
(4) Ebd. S. 87f. aus der Prosaminiatur „Gedanken, Gedenken".
(5) Ebd. S. 87.
(6) Ebd. S.103 aus der Prosaminiatur „Wäre die Klagemauer nicht mehr".
(7) Ebd. S. 126 aus der Prosaminiatur „Gefälligst leben".

EIN MÄRCHEN FÜR ERWACHSENE

„Also was? Kommst du nun von der Erde oder von einem anderen Planeten?"
„Wie soll ich's sagen? Ich war mit meinen Eltern auf der Flucht, weil es bei uns Hunger und Krieg gab. Kein Land wollte uns haben. Das Boot war voll, brach auseinander, ging unter. Kurz davor, während die Leute am Hafen ‚Raus, Raus ...' schrien, wurde ich geboren.
„Und du bekamst deswegen den Namen Raussi?"
„Ja, deswegen."

Raussi, die Perlmuschel

I. Begegnung der Fremdlinge

Eines Morgens erwachte sie am Ende eines Traumes und fand sich in einer Muschel liegend.
„Wie komme ich zu so einer phantastischen Perlmutthaut?", fragte sie sich, während sie sich die Augen rieb. Ihr fiel sogleich auf, dass sie nicht nur zwei, sondern unzählige Augen hatte. „Wieso", fragte sie sich, „und wozu habe ich auf einmal so viele Augen?"

Sie schaute und schaute und staunte. Wo befand sie sich? Es war ein wundersamer Anblick. Unentwegt wiegten sich Korallenfächer vor ihr. Grüne Algen lagen zu ihren Füßen. Seeanemonen klammerten sich an grautrübe Felsen. An ihr vorbei zogen in Schwärmen winzige silberne Fische. Und im gelben Sandgrund wurzelten Seenelken. War das ein Traum oder Wirklichkeit? „Träume ich noch?", fragte sie. „Das kann doch nicht wahr sein. Ich kann einfach nicht glauben, dass ich plötzlich im Meer lebe."

Sie kniff sich in das zarte rosa Fleisch in der Mitte ihres Bauches. Kein Zweifel, sie war anders! Gleich noch einmal heftiger. Es tat ordentlich weh. Was war geschehen? Mit ihr war etwas höchst Selt-

sames vor sich gegangen. Sie stand vor einem Rätsel.
„Gut, dass ich frei atme", sagte sie sich, da ihr nichts anderes übrig blieb, als ihr neues Leben mit weinenden und lachenden Augen zu sehen.

Die vielen Augen waren vielleicht ein Zeichen dafür, dass ihr etwas Besonderes bevorstand. Auf jeden Fall gab es eine neue Welt zu entdecken und viele Dinge zu lernen. So machte sie sich schleunigst auf den Weg, um das unbekannte Land zu erforschen und unter den anderen Meeresbewohnern Freunde zu gewinnen. Bei diesem ersten Spaziergang begegnete sie einem Seestern. Sie war von seinen schönen Ärmchen so entzückt, dass sie auf ihn zu schwamm.
„Hallo!", flüsterte sie leise.
„Du tönst so schön", begrüßte er die Perlmuschel.
„Ich bin zwar blind, höre aber gern die Wasseroper! Du scheinst hier neu zu sein. Ich heiße Kim und du?"
„Mein Name ist Raussi."
„Willst du nicht näher kommen und mir sagen, welcher Wind dich hierher geweht hat?"
„Es war ein Sturm, ob es ein richtiger Orkan war", kann ich dir nicht sagen."
„Ein Orkan ist der stärkste Wind, den es gibt. Ich kann dir sagen, ich weiß, wie einem Fremdling zumute ist."
„Bist du auch ein Fremdling?"
„Einst war auch ich ein Fremdling im Garten des Meeres, aber das liegt lange zurück. Kannst du dich erinnern, wo du bis jetzt zu Hause gewesen bist?"

„Das ist eine lange Geschichte", antwortete sie leise. „Ich kann dir nicht sagen, wo ich zu Hause gewesen bin, nur dass ich aus einer Gegend komme, wo fremdartige Geschöpfe wohnen. Und du, woher kommst du, Kim?"
„Das ist eine noch längere Geschichte als deine."
„Noch eine längere?", fragte die Perlmuschel neugierig.
„Eine sehr viel weiter zurückreichende Geschichte. Sie reicht nicht hundert Jahre, nicht tausend Jahre und nicht einmal abertausend Jahre zurück, sondern … Aber willst du mir nicht lieber ein Lied singen?"

Die Muschel ließ sich nicht zweimal bitten und sang ein Lied über eine versunkene Insel. Als sie sang, spürte sie, wie es in ihrem ganzen Körper vor Wohlgefühl zu prickeln begann.
„Dein Gesang rauscht bis in die Tiefsee."
„Bis in die Tiefsee möchte ich gehen und diese versunkene Insel suchen. Vielleicht kannst du mir helfen?"
„Dir helfen? Ich kann dir nicht sagen, wo die versunkene Insel ist, denn das weiß ich selbst nicht", sagte Kim. „Du sollst aber nicht glauben, dass ich dir nicht helfen will. Ich kann dir einen Geheimtipp für Neuankömmlinge geben. In der Meeresschule kannst du die Goldenen Regeln der Geheimwissenschaften lernen, die dir weiterhelfen werden." Was der Seestern sagte, gefiel ihr. Kim war also auch ein Fremdling. Seine letzte Heimat schien allerdings eine ganz ande-

re gewesen zu sein als die ihre. Als Fremdlinge im Garten des Meeres hatten sie viel Gemeinsames.

II. Das Alphabet der Fremde

Am nächsten Morgen folgte Raussi dem Geheimtipp von Kim und ging in die Meeresschule. Jeder, der die geheimen Botschaften der Meerestiefe entschlüsseln wollte, besuchte diese Schule. Die großen Schüler schwebten über den Bänken und warteten auf den großen Meister, den Tintenfisch. Sein Spitzname war Taddik. Eine Fliege und ein schwarzer Frack verliehen ihm ein zeitfremdes Aussehen. Aus seinem linken Ärmel ragten vier Arme heraus, aus seinem rechten Ärmel fünf. Alle restlichen Arme und Beine, die Tentakeln hießen, schauten unter dem Frack hervor. Taddik konnte aus seinen Tentakeln mühelos ein Lineal, einen Kompass oder ein Fernrohr schütteln. Bevor er mit dem Unterricht begann, rückte der Meister seine Brille zurecht und blickte jeden Einzelnen an.

„Das Wichtigste steht am Anfang", sagte er. „Die erste Lektion ist das Alphabet der Fremde. Ich spreche, du sprichst, wir sprechen, jeder spricht in seiner Sprache. Aber wie verstehen wir uns?"

„Die Tentakeln sagen's!", meinte die Schnecke Firouz.

„Was sagen die Tentakeln?"

„Das möchte ich auch wissen", rief Raussi.

„Wer möchte, kann siebenhundert Sprachen auf einmal lernen", versicherte Taddik.
„So ein Spinner! Besteht denn nicht jede Sprache aus unzähligen Wörtern?", fragte der Seeigel.
„70 Sprachen wären schon genial!"
„Wie soll das möglich sein?"
Der Meister streckte den längsten Tentakel aus, mit dem er einen Seealgenstift hielt, und zeichnete Buchstaben auf die runde Schultafel, die von einem versunkenen Schiff stammte.
„Zuerst lernt man die Schlüsselbuchstaben, dann die dazu gehörige Sprache. Wer kann entziffern, was auf der Tafel geschrieben steht?"
„Soll das Chikunesisch sein?", fragte der Seeigel von einer der hinteren Reihen.
„Nein, eine Geheimsprache."
„Wenn du etwas verstanden hast, dann leg los!"
„Geheimes bleibt nur so lange geheim, wie man es für sich behält", sagte Firouz.

Die Schüler verstanden nichts, einige hörten mit offenem Mund zu, weil es so spannend war.
„Dem Klang eines Steines kann man sogar entnehmen, ob er einen Herz-Riss hat oder nicht", sagte Taddik und klopfte mit seinem Lineal auf einen Stein.
„Ich glaube, der Stein hat einen Herz-Riss", sagte Raussi.
„Angeberin, du verstehst genau so wenig, wie wir", sagte der Seeigel.

„Ruhe! Lasst den Meister reden", brüllte das Seepferdchen. Der Tintenfisch verzog die Stirn, machte ein strenges Gesicht und befahl „Felsisch!" zu sprechen.

Auf einmal waren alle von einem felsischen Schweigen ergriffen. Mitten in der Stille stellte Taddik seine Geschicklichkeit unter Beweis. Er zog aus einem Tentakel drei Eier und begann damit zu jonglieren. Dann horchte er an einem Ei.
„Seht ihr, das Ei hat mir eben verraten, dass es einmal ein Grenadierfisch wird."
„Klar doch!", riefen die Schüler.
„Warum wundert ihr Euch, dass man so viele Sprachen lernen kann? Alles was lebt, spricht, wenn auch nicht in derselben Sprache wie wir. Ihr möchtet wissen, wie ich die fremde Sprache verstehe? Ich höre genau hin, um den Weg ins Herz des Anderen zu finden."
„Wovon redet er?", fragte der Seeigel.
„Es ist geheimnisvoll, aber verständlich", sagte das Seepferdchen.
„Ihr glaubt, dass er von anderen Dingen spricht", fügte Firouz hinzu, „aber das Wesentliche ist in jeder Sprache das Gleiche."
„Liebe braucht keinen Übersetzer", sagte Raussi. Und weil sie so sanft sprach, gab ihr der Meister eine Aufgabe. Mit ihrer schönen Stimme sollte sie von nun an die Meereskinder von ihren Häusern abholen, jedes

Kind bei seinem Namen rufen und sie zur Schule bringen.

III. Der erste Schlagabtausch

Als Raussi von ihrem täglichen Wellenreiten mit der Schülerschar zurückkam, begegnete sie Firouz, der Schnecke. Ihr Häuschen war spiralig gewunden und sah wie ein Minarett aus. Raussi schaute der Meerschnecke zu, wie sie den Neuankömmlingen, den Feuerquallen, die schwankenden Glocken ähnelten, beim Umzug half.

Da tauchte Chloë auf, eine riesige Chamäleon-Garnele, die zur Polizei des Meeres gehörte. Chloë wartete den ganzen Tag lang darauf, dass etwas Böses passierte. Für sie lohnte sich der Tag nur, wenn etwas schief ging. Sie brauchte das Unglück, wie das Wasser um sich herum. Wenn kein Unglück geschah, so hatte sie Angst, dass sie eingehen und vertrocknen könnte.

„Sie führen wohl ihre Perlmutthaut in Begleitung einer Kinderschar und eines Minaretts spazieren?", sagte die Chamäleon-Garnele. Es klang spöttisch.

„Das Reiten auf den Wellen macht Spaß und spornt die Kleinen zum Sport an", meinte Raussi.

„Sie sind wohl mit sich selbst zufrieden!!!", gab die Chamäleon-Garnele zurück.

„Wir sind mit den Zuständen zufrieden", verbesserte Firouz.

„Sie sind wohl frisch eingewandert? Arbeitslos, wie?", bohrte die Chamäleon-Garnele weiter. Raussi wurde verlegen und murmelte etwas Unverständliches.

„Nun haben wir offensichtlich nicht nur zwei, sondern massenweise Arbeitslose", spottete die riesige Chamäleon-Garnele diesmal.

„Am frühen Morgen hole ich immer die Kinder aus ihren Häusern und bringe sie in die Schule", sagte Raussi in ruhigem Ton.

„Ist das alles?", fragte leicht provozierend Chloë.

„Morgens gibt es viel Verkehr auf den Meeresstraßen", sagte Raussi. „Ich führe die Schüler durch Algenwälder und über grauen Schlamm. Das sind gefährliche Wege; ich singe mit ihnen, damit sie keine Angst bekommen."

„Das ist keine Arbeit", meinte die Chamäleon-Garnele Chloë. „Das kann jeder tun."

„Und ist, was jeder tun kann, keine Arbeit?", gab Raussi zurück.

„Nun macht, dass ihr fortkommt!", schrie Chloë. Sie wirkte recht aggressiv mit ihren aufgerichteten Scheren, als wäre sie zum Kampf bereit. Während sie Theater machte, versammelte sich eine Schar von Meeresbewohnern, Pilgermuscheln und Schwämmen um sie herum.

„Was fällt euch ein, die Leute von der Arbeit abzuhalten! Haltet den Mund und schert euch weg", schrie

Chloë. Keiner hatte den Mut, etwas zu sagen außer Firouz, die Schnecke.

„Wut ist nicht Mut!", bemerkte sie in pirouettenartigen Drehungen. Das machte Eindruck. Firouz sagte wenig, aber was sie sagte, hatte die Glaubenskraft eines Derwisches. Die Pilgermuscheln und Schwämme klatschten Beifall und man hörte einzelne Jubelschreie: „Bravo! Bravo!"

„Ihr seid alle Kanaillen!", knurrte die Chamäleon-Garnele.

Die Versammlung wurde rebellisch. „Wut ist nicht Mut!", schrie die Menge im Chor.

„Schlagt hier keine Wurzeln! An die Arbeit!", rief Chloë.

„Es passt nicht zu Ihnen, so aufzubrausen", sagte Firouz zur Chamäleon-Garnele.

„Sie wissen, privat bin ich eine Kameradin, aber im Dienst – da bin ich schlimmer als ein Seeschwein. Und ich bin leider fast immer im Dienst."

IV. Der Tanz der Freude

„Ich habe für dich eine Überraschung", sagte der blinde Kim. „Die Riffbewohner geben ein großes Fest der Freude. Möchtest du mit mir dahin?"
„Von Herzen gerne", antwortete Raussi.

„Wir könnten beim Sonnenuntergang den Korallentempel sehen und dann gemeinsam im Korallenbecken baden."

So plaudernd machten sie sich bergauf und bergab auf den Weg zu den Korallenriffen.

„Die Riffbewohner sind ein Künstlervolk", erklärte ihr Kim. „Sie lieben die Farben und können Wasser und Erde verfärben. Ursprünglich gehörten sie zu den Auserwählten. Ihre Zahl wurde im Laufe der Jahrtausende vermindert. Die Korallen leben in Angst."

„Warum leben sie in Angst?", fragte die Perlmuschel.

„Das ist so wie mit der Vernichtung der Nymphen", erwiderte Kim.

„Was war los mit den Nymphen?"

„Nymphen, Sirenenforellen und Forellenfrauen bewohnten einst die Riffe."

„Du, Kim, was ist eine Forellenfrau?"

„Eine Forellenfrau hatte einen Fischkopf und so was wie zwei Säulen, was die Menschen hübsche Beine nennen. Den Fischkopf fanden die Menschen hässlich. Sie verstehen es nun mal nicht besser auf der Erde. Viele Meeresleute glauben, Forellenfrauen, Sirenenforellen und Nymphen seien keine wirklichen Gestalten gewesen, weil ihre Spuren verschwunden sind. Aber wer weiß, vielleicht leben sie ineinander verschlungen auf der versunkenen Insel und steigen wieder einmal durch die dunkelblaue See nach oben."

Plötzlich erblickte Raussi das Korallenbad. „Du, Kim, wir sind da!", sagte sie und nahm sein Ärmchen. Sie ließen sich von einer Lustwelle forttragen zwischen die Korallenäste. Die Korallen strahlten im Glanz der untergehenden Sonne. Beide waren von der Farbenpracht, der Wärme und den Sonnenstrahlen verzaubert. Das große Fest hatte längst begonnen. Der Korallenfürst empfing sie höchstpersönlich. Während Papstkronen, Korallenschnecken, Kaurimuscheln sich bei den Liedern der Feuerquallen vergnügten. Im Korallentempel sang Raussi Arien aus der Wasseroper und Kim dirigierte das Seepferdchen-Ballett. Die Wassermänner und Meerfrauen hatten noch nie so eine herrliche Stimme gehört und nie so eine tolle Aufführung gesehen. Sie klatschten vor lauter Begeisterung Beifall. Der Korallenfürst schwebte gemeinsam mit allen Darstellern vor Glück.

Spät am Abend drangen ungeladene Gäste mit gewaltigen Mäulern ein. Sie trommelten heftig, als ob sie die Rifftempel und ihre Bewohner in tausend Stücke zerspringen lassen wollten. Taddik der Tintenfisch eilte ergrimmt durch die brausenden Strudel, das Seemoor und den Seewald herbei und brachte zuerst Finsternis und dann Ruhe mit seiner blauen Tinte. „Das ist ein Lärm!", rief er. „Man hört euch von weither! Wenn ihr nicht aufhört, werden unsere Menschenfeinde auf euch aufmerksam werden. Und die Folge davon wird die Zerstörung unserer Welt sein."

„Den Menschen kann man nicht trauen", sagte der Korallenfürst. Mein Vater wurde von Menschen getötet und der Vater meines Vaters auch und vor ihm auch dessen Vater."

„Er hat recht. Wenn wir nicht aufhören, so laut zu sein, werden wir vernichtet", bestätigte Kim. „Eines Tages wird man sich fragen, ob die Korallenriffe und ihre Bewohner auch zu den legendären Völkern gehören wie die Nymphen und Forellenfrauen."

„Müssen wir deswegen verstummen?", fragte Raussi. „Bestimmt nicht. Noch schlimmer als die Vernichtung ist die Angst, die einen so sehr lähmt", sagte Firouz. „Zum Überleben gehört das Singen und das Tanzen genauso wie das Wasser."

Die jungen Kaurimuscheln und die Papstkronen nahmen Taddik in ihre Mitte und tanzten in einem Ring. Kim und Raussi und die Korallen tanzten rund um den kleinen Ring in einem größeren Kreis.

„Guck mal Taddik an", sagte Kim zu Raussi, „wie er mit seinen Tentakeln steppt. Er tanzt mit, als wäre er der geborene Tänzer. Ist das nicht sagenhaft?!"

„Wenn du dich von der Begeisterung anstecken lässt", sagte Firouz, „hörst du alle Stimmen des Meeres. Das Tanzen ist etwas Göttliches."

V. Verwandtschaft ist zweierlei

An manchen Tagen schlenderte Raussi zu den großen Felsen, wo ihre Verwandten, die Miesmuscheln, wohnten. Ihre weichen Körper waren mit der gleichen harten Kalkschale bedeckt wie der Körper der

Perlmuschel. Aber im Gegensatz zu ihr lebten sie mit mehreren Familien dicht an dicht in Muschelbänken.

Von Zeit zu Zeit luden die Miesmuscheln Gäste zu einer Hochzeitsfeier ein. Raussis Onkel wollte bei so einem Fest nur Liebliches und Angenehmes hören. „Du bist eigensinnig, das ist es", sagte er. „Wir Miesmuscheln vermehren uns, halten zusammen und arbeiten emsig, während du deinen Tag mit Singen verbringst." Diese Worte stimmten Raussi traurig. Sie schwamm, schwamm und schaukelte durch die hohen Wellen und sang ihre Lieder, bis sich ihr Kummer verflüchtigt hatte.

Kim, ihr Freund, hatte sie in der Schule, bei den Kindern und überall im Garten des Meeres gesucht, sogar in der Höhle des Meisters und nicht gefunden. Durch die Wasserwälder hindurch sah Raussi Mond und Sterne und träumte von der versunkenen Insel, die sie finden wollte. Kim war überrascht, die Perlmuschel auf einmal in seiner Nähe zu spüren.
„Da bist du ja", sagte er. Raussi war ebenfalls froh, ihn zu sehen. Und da sie immer noch etwas bedrückt war, schüttete sie ihm ihr Herz aus: „Was sagst du, Kim: Ist es schlecht, seinen eigenen Weg zu gehen und die versunkene Insel zu suchen?"
„Schau mal Raussi, deine Verwandten, diese Miesmuscheln, können nicht anders. Sie sind im harten Untergrund verankert und müssen ein ganzes Leben lang am gleichen Ort bleiben. Als Gruppe zusammenzuhalten, das ist gut, aber sobald man sich ir-

gendwo festheftet, beginnt die unvermeidliche Versteinerung."

VI. Das Orchester der Feuerquallen

Mit dem Sonnenaufgang eilte Raussi den Feuerquallen entgegen. Vom Licht angezogen, kamen die Quallen scharenweise und ihre durchsichtige Haut nahm durch die Sonnenstrahlen alle Regenbogenfarben an. Sie glitten wie Lampions durch die silbernen Wellen. Sie blitzten, schimmerten und funkelten. Es war schön anzusehen, wie sie auf die Wasserblumen plumpsten. Die Feuerquallen waren ein Orchester, nicht aus Tönen, sondern aus Lichtern und Funken. Mit ihren Lichtzeichen regten sie Raussi an, vorzusingen. Als sie sang, tönte ihre Stimme in der Perlmuttschale und die kleine Perle in ihr tönte dann wie eine Orgel in einem Perlentempel:

> „Wo ist die Möwe,
> die das Schiff begleitete,
> bis es versank?
>
> Die Zeugen
> haben sich zurückgezogen
> ins Wasser.
>
> Die Fracht
> Flüchtlinge.

> Es heißt sie wohnen
> auf einer Insel,
> die schläft bei den
> Tiefseefischen."

Sie blickte hinab durch die schwarzblaue Tiefe und entdeckte Rümpfe von Ozeanschiffen im Meeresboden. Zehntausend waren es an der Zahl. Ihre Aufbauten waren im Schlamm begraben. War sie auf die versunkene Insel gestoßen? Weder Mauern noch Türme waren sichtbar. Mit den Feuerquallen, die ihr den Weg zeigten, schwamm sie bis zum Wrack eines großen Schiffes, das mit Flüchtlingen an Bord untergegangen war. Sie streifte am Schiffsrumpf entlang, schlüpfte durch die Öffnung in den Schiffsladeraum. Dort sah sie Bänke, die in einer Ecke standen, und sie erschrak. Auf den Seealgen überzogenen Bänken saßen Menschen, gefesselt mit Ketten. Menschen mit zwei Höhlen statt zwei Augen.

Raussi blieb unbeweglich wie eine Salzsäule und musste an die vielen Kinder denken, die niemals Kinder sein konnten. Schlimme Kriege hatten die Städte verwüstet, die Familien zerstört, die Kinder ihren Müttern entrissen.

> „Ich höre nicht auf
> an dich zu denken."

Als Raussi dieses Lied sang, spürte sie ein so gewaltiges Prickeln im Bauch, dass sie zu zittern begann.

Während ihre unzähligen Augen schweiften, vollführte sie wilde Drehungen und kam so zu ihrem früheren Revier.

VII. Ebbe und Flut

Sie war entschlossen auf eine größere Reise zu gehen, sie wusste nur nicht wie. Erst die Ebbe und die Flut verrieten ihr, wie sie es anstellen musste. In der Meeresschule lernte sie, dass, wenn der Mond sich um die Erde dreht, große Wassermengen sehr stark vom Mond angezogen werden. Der Meister sagte: „Wenn das Meer sich von den Stränden und Felsen zurückzieht, beginnt ein gewaltiger Umzug auf dem Meeresgrund. Viele Meeresbewohner werden auf einmal abenteuerlustig und wollen ‚Gast auf der Erde sein'".

Raussi war bei diesen Worten traurig geworden. Sie hatte Fernweh. Da paddelte Firouz, die Schnecke, mit ihrem Haus und ihrer Familie an ihr vorbei.
„Wohin reist ihr?", fragte Raussi.
„Das wissen wir nicht, wir reiten einfach durch die Welt."

Chloë, die Chamäleon-Garnele, wanderte mit und wollte Raussi noch eins auswischen wegen ihrer innigen Freundschaft mit den Feuerquallen. „Die Feuerquallen verweilen auf dem Lande und im Wasser. Sie können aus dem Wasser hinausspringen, überall herumhüpfen und ganz seltsame Sachen sehen. Fliegende Vögel, grasende Kühe und Menschen." Chloë lachte lauthals.

„Ja", erwiderte Raussi in Gedanken versunken, „auch Menschen."

„Verdammt noch mal!", fuhr Chloë die Perlmuschel an. „Die Menschen sind fruchtbar geworden. Sie interessieren sich nur für sich selbst. Sie schütten ungeheure Mengen an Giftstoffen ins Meer und denken nicht an uns. Industrieabfälle, Abwässer, Ölreste, sogar Atommüll laden sie ab. Sie sind schuld daran, dass unsere Gewässer eklig schmecken. Wir erkranken, bekommen große Geschwüre und sterben. Das ist ihnen egal. Du kennst eben die Menschen nicht."

„Sicher kenne ich sie", sagte Raussi. „Du wirst es mir nicht glauben. Aber einst war ich auf der Erde und eines Tages gehe ich vielleicht wieder zurück."

„Du hast Vorstellungen!"

„Wenn du es genau wissen willst, war ich noch nicht auf der Erde."

„Also was? Kommst du nun von der Erde oder von einem anderen Planeten?"

„Wie soll ich's sagen? Ich war mit meinen Eltern auf der Flucht, weil es bei uns Hunger und Krieg gab. Kein Land wollte uns haben. Das Boot war voll, brach auseinander, ging unter. Kurz davor, während die Leute am Hafen ‚Raus, raus ...' schrien, wurde ich geboren.

„Und du bekamst deswegen den Namen Raussi?"

„Ja, deswegen."

„Sag mal, wie bist du hier gelandet?"
„Die Mutter hielt mich an der Hand fest. Der Sturm riss uns auseinander. Ich wurde von hohen Wellen weitergetragen und bin dann in die Tiefe des Meeres gesunken, bis ich in der Unterwasserwelt erwachte. Man kann überall hinkommen, man muss es nur wirklich wollen."

Nach einem Moment der Stille und der Erschütterung sagten Firouz und Chloë zusammen: „Bleib lieber hier und spiele nicht mit dummen Gedanken!" Aber Raussi machte immer, was sie wollte.

VIII. Alarmsignal

Vierzig Tage lang bereitete Raussi ihre Reise vor. Allein der Gedanke, die Heimat ihrer Vorfahren wiederzusehen, stimmte sie fröhlich. Sie brachte ihren Perlmuttwagen auf Hochglanz und wartete sehnsüchtig auf die Ebbe. Sie war sich der Gefahr bewusst. Das Überleben war eine Sache für sich, es hing viel davon ab, wie lange sie als Meeresbewohnerin ohne Wasser auskommen konnte. Kim fürchtete die Gefahr, aber da er Raussi nicht abhalten konnte, war er bereit, ihr bis ans Ende der Erde zu folgen.

Als die Wasser fluchtartig zurückgingen, begann das große Abenteuer im Ozean. Zwölf Seepferdchen zogen Raussis Perlmuttwagen. Der Marsch der Feuerquallen sah so aus, als wehten die Flaggen aller Nationen im Meer. Firouz und Kim tappten hinter ihr her. Je weiter sie nach oben schwammen, desto stärker schlug Raussis Herz. Langsam erreichten die Reisenden die Wasseroberfläche. Kaum sah Raussi das Gesicht eines Menschen, spürte sie schon, wie er Gewalt anwendete. Sie versuchte sich loszureißen. Aber sie verfing sich immer tiefer im Netz. Kim, der hinterher trottete, sah, wie die Barbaren mit ihr umgingen. „Schlag Alarm!", sagte Kim zu Firouz. „Schnell, Raussi ist in Lebensgefahr."

Mitten im Unterricht auf dem Meeresgrund hörte der Tintenfisch Taddik das Alarmsignal. Er nahm seinen Kompass, damit er sich nicht verschwamm und schoss durchs Wasser nach oben. Mit seinen Tentakeln, die scharf wie Rasiermesser waren, griff er die Perlenfischer an. Die schrillen Schreie der Perlenfischer beim Angriff des Meisters rissen Raussi aus ihrer Ohnmacht. Sofort ruderten andere Stiefelflossen herbei und versuchten mit Messern auf Taddik einzustechen. Der Meister aber verspritzte seine Tinte, sodass die Wellen sich mit dunklem Schaum bedeckten. Ein ungeheurer Kampf entbrannte und es dauerte lange, bis es dem Meister gelang, Raussi aus der Umklammerung zu befreien. Als sie hinab tauchten, um sichere Gefilde zu erreichen, verließen Raussi ihre Kräfte. Kim und Firouz fingen sie auf.

„Wir müssen Raussi in Sicherheit bringen, ehe es zu spät ist", drängte Kim.

„Sie verdreht ihre Augen", sagte Firouz voller Sorge um sie.

Nun, da die Gefahr vorüber war, tauchte die Chamäleon-Garnele auf. Ihre Worte klangen, als wolle sie die Führung der Rettungsexpedition übernehmen: „Ich habe aus sicherer Quelle erfahren, dass Perlenfischer die Gegend überwachen." Firouz sagte: „Ich kenne ein Versteck, das einzige seiner Art. Wir werden Raussi dahin bringen."
„Gut so", hauchte Kim total verwirrt und verängstigt.
„Aber wie lange glaubst du, kann Raussi in einem Versteck leben, ohne von Perlenfischern entdeckt zu werden?", warf die Chamäleon-Garnele ein.
„Darüber können wir später nachdenken. Lass sie uns jetzt in ihr Versteck bringen", sagte Firouz.

Geleitet von der Garnele schleppten Kim und Firouz sie mit Mühe und Not in eine Höhle der Tiefsee zu Taddik. Er legte einen Tentakel auf Raussis Bauch. Mit einer Linse, die wie ein Vergrößerungsglas wirkte, schaute er sich die Stelle an, wo der Schmerz herkam. Ein kleines Steinchen war in ihren Mantel geraten und hatte sich entzündet. Die Entzündung hatte die Form eines Perlkügelchens. Es ging ihr so schlecht, dass sie Tropfen von Perlmutt ausschied, die wie Edelsteine schimmerten. Er untersuchte Raussi genau, presste den Tentakel auf ihren Bauch, bevor er sprach: „Die Perle ist eine Krankheit. Sie kann nur entstehen, wenn eine Muschel krank ist." Nach einer weiteren Untersuchung mit der Linse fuhr er stockend fort: „Von 999 kranken Muscheln entwickelt nur eine einzige eine Perle. Und um welchen Preis!"

IX. Ein heller Stern

Durch Taddiks Hilfe gelang es Raussi, ihre Schmerzen ein wenig zu vergessen und ihre Augen wieder zu öffnen. Sie genoss die Stunden und jede Sekunde schien ihr kostbar. Am liebsten ließ sie sich sanft von den Wellen hin und her wiegen und summte leise ein Lied. Es war gut, jetzt in der Tiefsee mit sich selbst allein zu sein, um sich an alles Gewesene zu erinnern. Raussis Herz krampfte sich bei manchen Liedern zusammen und alles purzelte in ihrem Kopf durcheinander. Die Verfolgung ihrer Vorfahren und ihre Verbannung. Mit jedem Gesang schwoll das Kügelchen in ihrem Bauch an, während ihr Körper von Tag zu Tag zusammenschrumpfte, bis fast nichts mehr von ihr übrig war.

Am Vorabend ihres endgültigen Abschieds vom Ozean versammelten sich all ihre Freunde um sie herum. Sie schwebten in Scharen herbei, drehten sich und tanzten vor Trauer, bis sie zum Umfallen erschöpft waren. Plötzlich erhob Taddik seine Stimme: „Raussi kann die Augen nicht öffnen, aber sie hört uns." Er hielt seinen Atem an und hörte wieder ihr mildes Rauschen und fragte: „Was können wir für dich tun, Raussi?" Ein Zittern überlief Raussi bei diesen Worten. Sie freute sich über all ihre Freunde, die anwesend waren. Was hätten sie noch mehr für sie tun können, als das, was sie ohnehin schon getan hatten, dachte sie. Mit ihnen war sie ins Reich der Geheimnisse eingedrungen. Was wäre ihr alles verborgen geblieben, wenn sie nicht das Glück gehabt hätte, in der Unterwasserwelt zu leben. Wenn sie Kim nicht begegnet wäre, hätte sie nichts von Liebe gewusst, und wenn sie nicht zum Meister Taddik gegangen wäre, hätte sie weder über die Sprachen des Herzens etwas gewusst noch über die Lieder der Feuerquallen, ganz zu schweigen von der versunkenen Insel.

„Sag uns deinen Letzten Willen", baten Kim und Firouz im Chor. Wie konnte Raussi diese Welt verlassen, ohne ihren besten Freunden ein Vermächtnis zu hinterlassen? Also spannte sie Willen und Kräfte aufs Äußerste an und versuchte, verständliche Laute zu formen.

„Sie regt sich und will uns etwas sagen!", flüsterte Kim und hielt sein Ohr ganz, ganz nah an ihre Lippen.

„Mein Letzter Wille!", hauchte Raussi. „Erzählt in euren Geschichten, was ich in der Tiefsee gelernt habe, damit es von den Alten auf die Jungen überliefert wird."

„Dein Wille wird erfüllt, Raussi", versprachen alle. Kim begann wieder zu schluchzen. Ein letztes Mal sammelte Raussi all ihre Kräfte:

„Weint nicht um mich! Ich weiß in aller Klarheit: Es wird aussehen, als wäre ich tot, aber das ist nicht wahr. Gewiss werde ich wiederkommen. Aber nicht, wie ich jetzt bin."

Auf einmal, nach einer langen Stunde des Staunens und Schweigens, kroch Raussi aus der Muschel. Die Meerestiefe verlassend und in die Luft schwebend, rief sie ihnen von Weitem noch zu: „Die Welt, die mich als Wasser überspannte, ist jetzt der Himmel über den Wolken und eines Tages wird der Himmel von heute die Erde von morgen sein."

Während in der Ferne ein heller Stern schimmerte, lag einsam im grauen Schlamm eine phantastische Perle.

EPILOG

Rap: Über die Fremde, das Fremdsein

Xeni, Xeni, Polyxeni ...
  Ausländer, Auswanderer, Einwanderer,
    Wanderarbeiter, Fremdarbeiter.

Vorwärts marsch, eins, zwei.
  Eins, zwei. Zack zack, zack zack.

Deportierte und Zwangsarbeiter
  (Peitschenhiebe) fscccccch, sschschischschischsch
    Displaced Persons, Vertriebene, Flüchtlinge,
      poch poch poch.

Gastarbeiter, Ach, plitsch-platsch,plitsch-platsch.
  Bom dia,
    Buon giorno, Kalimera, Merhaba,
      Döner, Gyros, Makkaroni, Salami, Schaschlik,
        schmatz-schmatz, schmatz-schmatz.

Asylsuchende, Übersiedler, Aussiedler,
  Siebenbürger Sachsen, Banater
    Schwaben, Wolga-Deutsche,
      haaa haaaa, ha haaa.

Deutsch-Amerikaner, Hugenotten,
    Salzburger, Ostjuden, Sinti, Roma,
        Slawen, Slowenen und Slowaken,
            Kurden, Kroaten …

Xeni, *Polyxeni* ….
    Hier fremd und ohne Freunde,
        verstümmelt mit einer Schere,
            den Lebensfaden beschnitten,
                schnipp schnapp schnipp schnapp.

[frei nach einem unübersetzbaren Text
von Mimika Cranaki]

ANHANG

Kurzbiografie

Sie wird am 7. Oktober 1943 als zweites Kind des Ehepaares Aron und Kleoniki Kaneti in Istanbul geboren. Die Mutter stammt aus einer griechisch-christlichen Familie und der Vater gehört zur jüdischen Gemeinde Istanbuls. Nach der türkischen Volksschule besucht sie auf Wunsch des Vaters das renommierte französische, von Nonnen geleitete Gymnasium Notre-Dame de Sion in Istanbul.

1960 schließt sie sich 17-jährig einer Jugendgruppe an und erwandert Israel. Sie arbeitet für einige Zeit im Kibbuz Ma'agan Michael, zwischen Haifa und Tel Aviv gelegen. Nach dem Abitur studiert sie in Istanbul Englische Philologie. Ab 1967 besucht sie eine progressive Schauspielschule, in der auch Tanz unterrichtet wird. Während der Studienphase in der Türkei publiziert sie erste Kurzgeschichten, Theaterberichte und Kritiken in der Zeitschrift „Yeni Insan" ('Der neue Mensch').

1969 erhält sie ein Sprachstipendium nach Salzburg. Deutsch ist die siebte Sprache, die sie erlernt nach Griechisch, Türkisch, Spanisch, Französisch, Englisch und Italienisch. Im Winter dieses Jahres geht sie nach Wien und besteht die Aufnahmeprüfung für das Max-Reinhardt-Seminar. Ab dem Sommersemester 1970 studiert Diana Canetti Theaterwissenschaft an der Universität Wien. Sie wirkt als Statistin am Burgtheater und Akademietheater. Während ihres Wiener Studiums beginnt sie in Deutsch zu schreiben und kann einige Beiträge im Studio Graz des ORF unterbringen. Sie arbeitet im Büro des Internationalen Künstlerclubs und der Gesellschaft für Literatur.

1972 gelingt es ihr im Wiener Europaverlag ihren ersten autobiografischen Roman zu veröffentlichen: „Eine Art von Verrücktheit. Tagebuch einer Jugend". Aus der Begegnung mit Elias Canetti, mit dem sie nicht verwandt ist, zieht sie die hohen Anforderungen an die eigene literarische Sprache. 1973 dreht sie in Paris den Kurzfilm „Le Pied", der auf mehreren Festivals gezeigt wird. Der zweite Roman „Cercle d' Orient" erscheint 1974 wieder im Europaverlag. Die Autorin nimmt eine Reihe relevanter Lesungstermine wahr.

Das Studium der Theaterwissenschaft in Wien schließt sie im Sommer 1975 mit der Dissertation „Das gesellschaftskritische Theater in der Türkei" ab. Ihre wissenschaftlichen Betreuer sind Professorin Margret Dietrich, Theaterwissenschaftlerin und Andreas Tietze, Professor für Turkologie und Islamwissenschaft.

Das einjährige DAAD-Stipendium „Artist in Residence" führt sie im Januar 1976 nach Berlin, wo sie journalistisch u. a. für den Rundfunk Rias Berlin arbeitet. Zu ihren ausgewählten Themen dieser Zeit gehören das kulturelle und das soziale Leben der Türken in Berlin. Der Aufenthalt dauert bis März 1977. Zur P.E.N.-Tagung und -Lesung in Den Haag vom 10.-13. Mai 1976 ist sie als Vertreterin der Türkei eingeladen und tritt neben Stefan Heym (DDR) und Günter Grass (BRD) auf.

Seit Frühjahr 1977 lebt und arbeitet Diana Canetti als freie Autorin und freie Dramaturgie-Assistentin in Düsseldorf, in Verbindung mit dem damaligen Schauspielhausdramaturgen Jürgen Fischer. Sie schreibt u. a. am dritten Roman „Ein Mann von Kultur". Neben der Dramaturgie-Assistenz unterstützt sie die freie Theaterarbeit an der Düsseldorfer Realschule in der Ackerstraße. Sie führt Kurse zu deutscher und internationaler Literatur in der VHS Düsseldorf durch, von Robert Musil bis Virginia Woolf.

Nach einer literarischen und privaten Krise hält sie sich ab Winter 1988 zusammen mit ihrer Cousine, der Soziologin und Entwicklungshelferin Susie Malka Kaneti Barry, in Ghana auf. Sie unterstützt 18 Monate lang ihre Cousine, beschäftigt sich mit den kulturellen und sozialen Verhältnissen im westlichen Afrika und wirkt an einem ghanaischen Medienprojekt mit. Im November 1989 nimmt sie in Accra als Beobachterin am Gründungskongress der Pan African Writers Association teil. Thema des Gründungskongresses: „The African Unity: A Liberation of the

Mind". Ihre Afrika-Erfahrungen verarbeitet sie in journalistischen Beiträgen und in der Romancollage „Goldstaub", der im Selbstverlag erscheint.

Zurück in Deutschland wird ihr eine Journalistik-Ausbildung ermöglicht. Auf dieser Basis gelingt es ihr, ab 1993 Beiträge zu interkulturellen Themen im Süddeutschen Rundfunk und im Westdeutschen Rundfunk unterzubringen. Sie arbeitet auch als Übersetzerin und lebt wieder in Düsseldorf. Von 1991-93 nimmt sie am kulturellen und sozialen Programm des Jüdischen Forums Köln teil, das sich für die Intensivierung des Dialogs zwischen Juden und Nichtjuden einsetzt.

Im März 1996 unternimmt Diana Canetti eine Reise nach Sao Paulo (Brasilien), um ihren seit 20 Jahren verschollenen Bruder Vili Kaneti zu suchen. Sie findet den Bruder und seine Familie und berichtet in Radiobeiträgen über das familiäre Wiedersehen und über das Schicksal von emigrierten Nazi-Verfolgten in Brasilien.

Ihre interkulturelle Rundfunkarbeit wird geschätzt und so wird sie Ende November 1996 zur 1. Migranten-Litera-Tour der Universität Mainz: „Drachenflieger der Sprache" eingeladen. Hier liest sie aus der Erzählung „Pygmalion ohne Happy End". 1997 ist sie an der Gründung des Vereins zur Förderung der Städtepartnerschaft Köln-Istanbul beteiligt.

Diana Canetti engagiert sich 1998 in Düsseldorf im Kontext der *Lokalen Agenda 21*/Gruppe *Kultur* für die „Frauenvernetzung", die u. a. den Aufbau eines Künstlerinnenhauses und den globalen Künstlerinnenaustausch zu initiieren versucht.

In Paris, ihrem Zweitwohnsitz, pflegt sie Kontakte und Freundschaften zu Intellektuellen, wie etwa zu der in Frankreich und Griechenland lebenden Philosophin und Autorin Mimika Cranaki oder zur Kunsthistorikerin Agnès Leroux de Bretagne. Im Mai 2002 liest sie als Autorin des Monats am Literaturtelefon Düsseldorf.

Diana Canetti lebt schwer erkrankt weiter in Düsseldorf.

Publikationen von Diana Canetti

D'Istanbule en exils. La vie cosmopolite de Diana Canetti. Paris: Editions Petra, 2013.

Disposition für die Fremde. Eine Begegnung mit der Philosophin Mimika Cranaki. In: Deutschland, deine Griechen …: Eine Anthologie (zweisprachig). Hrsg. von Costas Gianacacos, Stamatis Gerogiorgakis. Köln: Romiosini Verlag, 1998, S. 336-356.

Ein altes Haus wird jung. In: Straßenbilder. Düsseldorfer Schriftsteller über ihr Quartier. Hrsg. von Alla Pfeffer. Düsseldorf: Grupello Verlag, 1998, S. 67-75.

„Ich brauche ein geistiges Haus". Vom Leben in christlicher, jüdischer und griechisch-orthodoxer Tradition zugleich. In: „Leben – einzeln und frei wie ein Baum und geschwisterlich wie ein Wald ist unsere Sehnsucht." Türkei, Deutschland, Europa. Impulse für die Gegenwartsliteratur: Das Eigene und das Fremde. Tagung der Evangelischen Akademie Iserlohn vom 12.-14. Januar 1996. Iserlohn: Evangelische Akademie, 1996; Serie: Tagungsprotokoll / Evangelische Akademie Iserlohn 96,6, S. 77-90.

Pygmalion ohne Happy End. In: ... die Visionen deiner Liebeslust: Liebe und Erotik in der Fremde. 21 Autoren aus 11 Ländern. Hrsg. von Niki Eideneier. Köln: Romiosini, 1995, S. 117-129.

Elias Canetti und ich. In: Ganz schön fremd: Literaturen aus Österreich anderswo: Prosa, Poesie, Programmatisches. Hrsg. von Ruth Aspöck. Edition die Donau Hinunter, 1994, S. 20-43. Wiederabdruck in gekürzter Form in: „Leben – einzeln und frei wie ein Baum und geschwisterlich wie ein Wald ist unsere Sehnsucht": Türkei, Deutschland, Europa. Impulse für die Gegenwartsliteratur: Das Eigene und das Fremde. Iserlohn: Evangelische Akademie, 1996; Serie: Tagungsprotokoll 96,6, S. 36-53.

Goldstaub. Romancollage aus Afrika in Geschichten und Berichten, Tagebüchern und Briefen. Düsseldorf: Selbstverlag, o. J. [1991].

Das gesellschaftskritische Theater in der Türkei. Dissertation. Wien 1975.

Cercle d' Orient. Roman. Wien: Europaverlag, 1974.

Eine Art von Verrücktheit. Tagebuch einer Jugend. Wien: Europaverlag, 1972.